Reise durch die

# TÜRKEI


Bilder von

Paul Mahrt und Ernst Wrba

Texte von

Georg Schwikart



Stürtz

# INHALT

***Erste Seite:***
*Lange Ohren, graues oder braunes Fell und viel I-aah-Geschrei: Der Esel ist ein fleißiger und kräftiger Helfer im Alltag – wenn er nicht gerade bockt.*

***Vorherige Seite:***
*Die Launen der Natur haben der Landschaft in Kappadokien (Zentral-*

*anatolien) dieses phantastisch anmutende Aussehen verliehen. Wind und Wetter gruben über Jahrhunderte hinweg Furchen in den weichen Tuffstein.*

***Unten:***
*Diese beiden Herren handeln auf dem Markt in Söke mit Teekannen. Bei einem Volk, das mittlerweile mehr Tee trinkt als die Engländer, werden sie gute Umsätze machen.*

***Seite 10/11:***
*Wo einst der berühmte Aristoteles lehrte, muss es auszuhalten sein: Das liebliche Assos konnte seinen Reiz bewahren.*

CAN.1

# KEIN LAND WIE JEDES ANDERE –

*Der Hafen von Kuşadasi wurde im 13. Jahrhundert von Italienern gegründet. Die Osmanen vertrieben sie vierhundert Jahre später und gründeten dort eine Karawanserei. Diese diente im 19. Jahrhundert als Umschlagplatz für Tabak, Baumwolle und Rosinen, heute ist in dem Gebäude von 1680 ein nobles Hotel untergebracht.*

Man schließe die Augen und lasse die Gedanken strömen, die sich beim Stichwort »Türkei« einstellen. Welche Bilder mögen sich wohl entfalten? Döner Kebap und Minarette werden sicher dazu gehören, türkischer Honig und Kopftuch tragende Frauen, Bauchtanz und starker Mokka, vielleicht tragische Erdbeben – oder einfach nur Badespaß bei Sonnenschein ...

Wer in der Türkei jedoch am Abend das alltägliche Fernsehprogramm einschaltet, dem werden diese Klischees nicht bestätigt: Westlich gekleidete Frauen mit blondem Haar präsentieren Nachrichten, moderieren Talkshows und preisen in der Werbung Produkte wie Automobile, Instantpudding oder Waschpulver an. Ein Land wie jedes andere eben. Oder doch nicht?

Fährt der Besucher mit seinem Mietwagen durch die Urlaubszentren der Küstenregionen, wähnt er sich möglicherweise in Spanien oder Italien. Die Straßen, glatt geteert, führen an Hotels und Restaurants vorbei, die hohen Ansprüchen genügen. Aber nur eine halbe Stunde entfernt beginnt eine andere Welt. Die Strecke über das Taurusgebirge wird holprig, jenseits der Hauptstraßen befährt man Schotterwege, die als kleine Überraschung bemerkenswerte Schlaglöcher parat halten. Auf den Luxus von Leitplanken kann verzichtet werden, selbst wenn es neben der Fahrbahn etliche Meter bergab gehen sollte. Der türkische Autofahrer neigt zwar zur Vermehrung der Fahrspuren – warum sollte auch wertvoller Platz verschenkt werden? –, und er hupt gern, dennoch ist seine Lenkweise erfreulich defensiv. Die Ungeduld, die sich einzustellen droht, wenn man hinter einem LKW einen Berg hinaufkriecht und wegen der zahlreichen Kurven nicht

überholen kann, wird mehr als wettgemacht wenn einem außerordentliche Gastfreundschaft widerfährt: Zwischen Isparta und Konya lädt der Tankwart den Kunden zum Tee ein. Zögernd wird das Angebot angenommen, im Nu füllt sich das Kassenräumchen mit Männern, von denen jeder ein bisschen deutsch oder englisch zu sprechen vermag, weil man einmal in Stuttgart, Duisburg-Homberg oder Bremerhaven gearbeitet hat, oder zumindest jemanden kennt, der dort einmal gelebt hat.

Die Fahrt geht durch Dörfer, in denen die Kinder auf der Straße spielen und lächelnd dem Vorbeifahrenden zuwinken. Durch belebte Kleinstädte, in denen der Bau von Mehrfamilienhäusern boomt, führt der Weg; hier hocken die alten Männer am Rande des Markttreibens auf Plastikstühlen aufgereiht und beobachten still, wer da kommt und geht. Die Pension in einem Dorf abseits des Fremdenverkehrs bewirtet ihren Gast wie einen König. In Eile wird das Bett im Zimmer mit Meerblick bereitet und alles aufgetragen, was gerade verfügbar ist: Eine pikante rote Linsensuppe eröffnet das Abendessen; zu mit Peperoni gewürztem Lammfleisch auf Reis wird Spinatsalat gereicht; Obst zum Dessert rundet das vorzügliche Mahl ab. Nicht zu vergessen der trockene Wein, herrlich mundend – was will man mehr?

Weiter geht's, mal auf gewundenen Landsträßchen, mal schnurstracks durch die schier unendliche Weite der Ebene. Man überholt Mofas und Traktoren, die auf dem Seitenstreifen der Schnellstraße dahintuckern, mal einen Radfahrer, und regelmäßig Eselskarren. Der Esel dient hier nicht in erster Linie als pittoreskes Fotomotiv, sondern ganz pragmatisch als Lastenträger für Brennholz oder Bäuerinnen. Irgendwo stehen sie dann und halten am Straßenrand einfach hoch, was sie zu bieten haben: einen Bund Zwiebeln, Weintrauben oder kleine Bananen. Die Frau trägt die weite Pluderhose; und das bunte Tuch, kunstvoll um den Kopf gewunden.

## ZWISCHEN EUROPA UND ASIEN

Die Türkei ist ein Land der Gegensätze: Orient und Okzident stoßen aufeinander. Tradition und Moderne ringen um die Vormacht. Stadt- und Landkultur bilden zwei völlig verschiedene Welten. Selbst die Natur gibt sich kontrastreich mit ihren lieblichen Küsten und schroffen Gebirgen, den üppigen Plantagen und den unwirtlichen Steppen. Die Türkei bildet die Brücke zwischen Europa

*Romantik pur: Side bei Nacht. Schon vor mehr als 2300 Jahren besaß die kleine Halbinsel einen Hafen. Die an den Küsten wuchernden Hotelbauten ließen die alte Kleinstadt fast verschwinden. Wer jedoch die Augen offen hält, wird abseits der Touristenmeilen viel Sehenswertes finden.*

und Asien, und dies nicht erst seit der Neuzeit. Hethiter, Griechen und Römer prägten das Land, später Byzantiner, Seldschuken und Mongolen, schließlich Kreuzritter und Osmanen. Heute strebt die Türkei wirtschaftlich und politisch westwärts, möchte aber die Bande zu den orientalischen Nachbarn nicht lösen.

Bereits vor 80 000 Jahren durchstreiften Jäger und Sammler Kleinasien auf der Suche nach Beute. Ab 6000 v. Chr. ließen sich erste Ackerbauern nieder. Siedlungen entwickelten sich zu Städten: Trojas große Zeit begann ab 3000 vor der Zeitenwende. Kleinere Königreiche entstanden und zerfielen. 546 v. Chr. wurde die kleinasiatische Halbinsel dem Reich der Perser einverleibt, das im Jahr 323 v. Chr. von Alexander dem Großen erobert wurde. Im folgenden Jahrhundert wurde das Reich von Pergamon in Westanatolien zur Großmacht. Dessen König vermachte es im Jahr 133 v. Chr. den Römern. Sie schlossen West- und Zentralanatolien als römische Provinz Asia ihrem Weltreich an, was einen enormen wirtschaftlichen und kulturellen Aufschwung zur Folge hatte.

Im ersten nachchristlichen Jahrhundert begann der Apostel Paulus mit der Christianisierung Vorderasiens. Nach der Hinrichtung von Petrus und Paulus im Jahr 64 durch Kaiser Nero begann die Zeit der Christenverfolgungen. 330 n. Chr. machte Kaiser Konstantin das um 660 v. Chr. von den Dorern gegründete Byzantium (Byzanz) zur neuen Hauptstadt des Römischen Reiches. Zunächst hieß die Stadt »Nova Roma« (Neu-Rom), später Konstantinopel.

Nach der Teilung des Römischen Reiches durch Kaiser Theodosius im Jahr 395 wurde Konstantinopel Hauptstadt des Oströmischen (Byzantinischen) Reiches, das sich zunächst vom Balkan über die Kleinasiatische Halbinsel und Vorderasien bis nach Ägypten erstreckte, und nach dem Niedergang des Weströmischen Reiches zu Anfang des 6. Jahrhunderts sogar bis nach Italien und Spanien. Im 6. und zu Anfang des 7. Jahrhunderts versuchten die Perser mehrmals, die Region in ihre Gewalt zu bringen. Sie eroberten Teile Syriens, Kleinasiens und Palästinas und wurden 622 vertrieben.

Ab dem 7. Jahrhundert versuchten immer wieder arabische Stämme Kleinasien einzunehmen. 1071 wurde das oströmische Heer von den Seldschuken geschlagen, die darauf-

hin große Teile Anatoliens besetzten. 1204 eroberten die Kreuzfahrer Konstantinopel und errichteten das Lateinische Kaiserreich. Bis 1261 hatten die türkischen Seldschuken die Kreuzritter aus Palästina vertrieben, und das Byzantinische Reich erstand wieder, beschränkte sich jedoch auf ein Gebiet zu beiden Seiten der Ägäis. Der turkmenische Sultan Osman I. legte den Grundstein zum Osmanischen Reich. Im Jahr 1326 eroberte er Bursa, das sein Sohn später zur Hauptstadt des Reiches machte.

## VOM OSMANISCHEN REICH ZUR TÜRKISCHEN REPUBLIK

Die Osmanen drangen immer weiter auf das europäische Festland vor. Der Sieg über die Serben auf dem Amselfeld, beim heutigen Pristina im Kosovo, sicherte ihnen die Vorherrschaft auf dem Balkan. 1453 wurde Konstantinopel von Sultan Mehmed II. erobert. Damit war die tausendjährige Geschichte des Byzantinischen Reiches zu Ende. Mehmed II. machte aus Konstantinopel die Hauptstadt des Osmanischen Reichs und nannte sie Istanbul. Griechenland, Bosnien, Serbien, Albanien, Syrien, Palästina und Ägypten wurden dem Osmanischen Reich angegliedert und die sunnitische Richtung des Islam zur Staatsreligion erklärt. Im 16. Jahrhundert erstreckte sich das Osmanische Reich vom Schwarzen Meer über den ganzen Balkan bis nach Ungarn. Die gesamte Küste Nordafrikas bis nach Marokko gehörte ebenso dazu wie Anatolien, Mesopotamien, Palästina und die arabische Halbinsel. Die Zentralregierung nannte sich inzwischen Hohe Pforte.

1571, nach der verlorenen Seeschlacht gegen die Spanier und die Venezianer, begann der Stern des Osmanischen Reiches zu sinken. Die Osmanen verloren die Oberherrschaft über das Mittelmeer. 1683 gaben sie die erfolglose Belagerung von Wien auf. Sie verloren in den folgenden 150 Jahren sukzessive Dalmatien, die Krim, die arabische Halbinsel und Südgriechenland, und im Jahr 1830 besetzte Frankreich das bis dahin osmanische Algerien. Rumänien, Montenegro und Serbien wurden unabhängig, Bosnien und Herzegowina dem Reich der Habsburger zugesprochen, und Bulgarien autonom. Frankreich besetzte Tunesien, die Briten Ägypten. 1913 hatten die Türken bis auf Ostthrakien alle Besitzungen auf dem europäischen Festland verloren.

Im Ersten Weltkrieg standen die Osmanen an der Seite Deutschlands. Nach dessen Nie-

*Im Caldarium, dem antiken Warmbad in Side, ist das berühmte Mosaik der »Drei Grazien« zu bestaunen.*

*Grazien aus Fleisch und Blut finden sich überall an den Küsten der Türkei, wie hier bei Alanya.*

derlage sollte das Osmanische Reich auf die Alliierten Italien, Frankreich, Griechenland, Großbritannien und Armenien aufgeteilt werden. Dagegen wurde unter Leitung von Mustafa Kemal ein Unabhängigkeitskrieg geführt, der am 29. Oktober 1923 zur Gründung der Türkischen Republik führte. Danach begann für viele Jahre das, was die einen »Reformen«, die anderen »Kulturkampf« nannten: eine radikale Umgestaltung der gesellschaftlichen Rahmenbedingungen.

Der erste Präsident der Republik, Mustafa Kemal, schaffte zunächst das Kalifat ab. Sein Ziel war es, die Türkei zu einem europäischen Staat umzugestalten. Dafür wurde die arabische Schrift durch die lateinische ersetzt, die christliche Zeitrechnung eingeführt und eine Rechtsprechung europäischen Zuschnitts (mit Vorlagen aus der Schweiz und Italien) übernommen. Kemal drängte den Einfluss der Religion zurück, löste die Orden und Koranschulen auf und verbot den Frauen, verschleiert öffentliche Gebäude (wie etwa Schulen) zu betreten. Frauen wurden rechtlich den Männern gleichgestellt und erhielten 1930 das Wahlrecht. Diese Saat ging auf: Heute sind die Hälfte der türkischen Hochschulabsolventen weiblich. Und immerhin hatte das Land mit Tansu Çiller bereits eine Ministerpräsidentin. Seiner Verdienste wegen nennt man Mustafa Kemal nicht bei seinem Namen, sondern nur mit dem Ehrentitel »Atatürk« – Vater der Türken. Sein Bildnis findet sich auf Geldscheinen und Briefmarken, sein Foto ziert Wechselstuben, Gemüseläden und Autovermietungsbüros. Als Denkmal, Statue oder Relief blickt Atatürk von jeder Schule, jedem Postamt und öffentlichen Platz herab.

Atatürk starb am 10. November 1938; sein Leichnam ruht im Mausoleum in Ankara. Den Beitritt der Türkei zur NATO 1952 konnte er nicht mehr mitfeiern. Diese Anbindung an den Westen geschah in seinem Sinn. Doch die Invasion auf Zypern 1974, der Militärputsch 1980 und die Unterdrückung der kurdischen Minderheit ließen im Laufe der Jahrzehnte die Distanz des politischen Europa zur Türkei kaum schrumpfen. Nun aber ist der gesellschaftliche Konsens, zur EU gehören zu wollen, so stark, dass selbst religiös orientierte Regierungsparteien das Land durch Reformen auf einen Beitritt vorbereiten.

## DIE KULTURPRÄGENDE KRAFT DES ISLAM

Die Türkei kann nur verstehen, wer die kulturprägende Kraft des Islam begreift. Wenn fünfmal am Tag der Muezzin vom Minarett zum Gebet aufruft – »Allahu akbar, Gott ist größer!« – dann drehen heute noch die Wirte in den Gasthäusern die Musik ab. Fast 99 Prozent der Türken sind Muslime, wörtlich übersetzt »diejenigen, die sich hingeben«, nämlich dem einen Gott. Nach muslimischem Glauben war der Koran bereits vor der Erschaffung der Welt bei Gott anwesend, der ihn dem Propheten Mohammed offenbarte. Dieser wurde im Jahr 570 in Mekka geboren. Im Alter von 40 Jahren begegnete er, so erzählt die islamische Geschichtsschreibung, dem Engel Gabriel, der ihn zum Propheten Gottes machte. Mohammed konnte vermutlich selbst nicht schreiben. Er erzählte das Erlebte seinen Freunden, die nach seinem Tod alles auf arabisch aufschrieben. Das arabische Wort für den Koran, »Qur'an« bedeutet etwa »Vorlesen« oder »Rezitieren«. Mohammed predigte in einer polytheistischen Umwelt den Glauben an nur einen Gott. In seiner Heimatstadt wurde er deswegen verfolgt. Mit seinen Anhängern floh er nach Medina, später konnte er Mekka für sich gewinnen. Im Jahr 632 starb Mohammed, den die Muslime als »Siegel der Propheten« verehren: Er sei der letzte der Propheten, der alle Propheten der Bibel übertreffe.

Wöchentlicher Feiertag der Muslime ist eigentlich der Freitag. Dann ist das Nachmittagsgebet in der Moschee etwas ausführlicher als sonst, und wird beispielsweise durch eine Predigt ergänzt. In manchen muslimischen Ländern haben die Schulen freitags geschlossen. In der Türkei ist aber der Sonntag der offizielle Wochenfeiertag und freitags wird gearbeitet. Die Arbeit ruht an den großen Festen. Das eine, das Zuckerfest, beendet den Ramadan. Während dieses neunten Monats des muslimischen Jahres dürfen die Gläubigen von Sonnenaufgang bis Sonnenuntergang nichts essen und trinken. Da sich der muslimische Kalender nicht nach dem Lauf der Sonne, sondern nach dem Lauf des Mondes richtet, kann der Ramadan in alle Jahreszeiten fallen. Zum Opferfest werden Lämmer geschlachtet, oft mitten auf der Straße. Das Fleisch wird mit jenen geteilt, die nicht so wohlhabend sind.

Mit viel Aufwand begeht man die persönlichen Feste wie die Beschneidung der Knaben im Alter zwischen sieben und dreizehn Jahren. Dieser Akt macht sie in religiösem

Sinne erwachsen. Für Mädchen gibt es keinen vergleichbaren Ritus der Aufnahme in die Welt der Großen. Väter und Brüder achten sehr darauf, dass sie bis zur Eheschließung jungfräulich bleiben. Innerhalb der ehelichen Gemeinschaft erlaubt der Islam im Bereich der Erotik praktisch alles, doch wird jede Übertretung dieses Rahmens geahndet: früher einmal sogar gesetzlich, heute noch gesellschaftlich, und manchmal auf eigene Faust, wenn die Ehre befleckt ist und nach Blutrache dürstet. Deswegen neigt der Islam zur Geschlechtertrennung. Männer dominieren noch weithin das öffentliche Leben. Der Vater bestimmt traditionell als Familienoberhaupt, was getan und gelassen wird. Mit seinen Geschlechtsgenossen trifft er sich im Teehaus, um zu Rauchen, zu Spielen oder ein Geschäft abzuschließen. Eine Frau, die etwas auf sich hält, würde einen solchen Raum nie betreten; die Damen kommen privat in der Wohnung zusammen.

Auch der Islam kennt Konfessionen. Die größte weltweit, und mit etwa zwei Dritteln auch in der Türkei, stellt jene der Sunniten dar. Zu den Grundlagen des sunnitischen Islam zählt neben dem Koran die Sunna, die Wegweisung des Mohammed, wie sie in seinen gesammelten Aussprüchen überliefert wurde. Rund 25 Prozent der Türken sind Aleviten. Diese Glaubensgemeinschaft legt die islamischen Regeln weniger streng aus, weswegen sie lange Zeit als Sekte gebrandmarkt wurden. Eine spezielle Gruppe bilden die Sufis. Diese mystische Richtung will durch Meditation und Musik die Gegenwart Gottes erfahren. Dazu gehören die tanzenden Derwische mit ihrem Zentralkloster in Konya. Mevlâna, ihr Gründer, kam um das Jahr 1200 zur Welt. Von seinem universalen Denken zeugen seine »Sieben Ratschläge«, die über die Jahrhunderte nichts an Aktualität eingebüßt haben:

1. *Sei hilfreich und freigiebig wie ein Fluss.*
2. *Sei mitleidig und barmherzig wie die Sonne.*
3. *Sei bedeckend wie die Nacht, beim Verschulden anderer Leute.*
4. *Sei wie ein Toter bei Wut und Nervosität.*
5. *Sei bescheiden und schlicht wie die Erde.*
6. *Sei nachsichtig wie das Meer.*
7. *Entweder sieh aus, wie du bist oder sei, wie du aussiehst.*

Nach muslimischem Ideal lebt der Mensch mit der Einstellung des »Kismet«, die besagt, dass Gott das ganze Leben lenkt. Und doch treibt die Religion des Volkes eigene Blüten. Heiligen Steinen und Quellen wird Vereh-

*Wahrscheinlich kennen mehr Westeuropäer Antalya als Ankara: Das Zentrum der Südküste zieht jährlich Millionen von Besuchern an. Wahrzeichen ist das »Gefurchte Minarett«. Den 37 Meter hohen, kannelierten Turm bauten die Seldschuken an eine zur Moschee umgestaltete Kirche.*

rung zuteil, man fleht lokale Heilige um Hilfe an. Sigrid Weiner, die 13 Jahre lang in der Türkei lebte, nahm einen fließenden Übergang von religiösen zu magischen Praktiken wahr. So beobachtete sie, wie man die Zukunft aus dem Kaffeesatz lesen kann: »Sind Frauen unter sich, so schwenken sie die Neige mit leicht kreisenden Bewegungen, drehen das Gefäß rasch um und stülpen es auf die Untertasse. Nach der Reihe nimmt dann eine Deuterin die Tässchen wieder hoch und verheißt aus den oft bizarren Bildern, die der ablaufende Satz an der Innenwand zeichnete, frohe oder weniger wünschenswerte Ereignisse. Die Lauschenden geben sich erschrocken oder erfreut und halten mit ihren Ausrufen nicht zurück. Ob sie allerdings die Weissagungen für bare Münze halten oder in der Tiefe ihrer Seele als Scharlatanerie verurteilen, darüber schweigen sie lieber.«

Kurzum, »den« Islam gibt es in der Türkei nicht: Wie in Kontinentaleuropa geht es auch dort in den Städten liberaler zu als auf den Dörfern. Altes Brauchtum schwindet; Rückkehrer aus Deutschland können und wollen sich nicht mehr den alten Traditionen unterwerfen. Das führt zu Spannungen. Eine Re-Islamisierung der Türkei wird allenthalben mit Skepsis registriert: Neue Moscheen werden erbaut, die Anzahl der Koranschüler steigt, immer mehr Gläubige machen sich zur Wallfahrt nach Mekka auf. Als untrügliches Zeichen, dass die Moderne unaufhaltsam Einzug hält, kann jedoch jenes Schild betrachtet werden, welches im Gotteshaus der anatolischen Kleinstadt den Beter mahnt, doch bitte sein Handy vor dem Betreten auszuschalten.

## ORNAMENTKUNST UND WANDERNDE SÄNGER

Auch die Kultur ist durch die Religion geprägt. Während die Antike in Malerei, Mosaik und Skulptur den wohlproportionierten Körper des Menschen darstellte, steht die islamische Kultur unter dem Verdikt des Bilderverbots. Gott darf nicht dargestellt werden und der Mensch als sein Abbild ebenfalls nicht. So verlegten sich die türkischen Künstler auf die Schaffung phantasievoller Muster und Ornamente. Diese zieren in höchster Vollendung bemalte Keramiken und Fliesen, sowie Stoff- und Seidenwebereien und vor allem die geknüpften Teppiche.

*Hier gibt es keine Autos, nur Pferdekutschen: 20 Kilometer südlich des lauten Istanbuls liegen im Marmarameer die neun Prinzeninseln. Vier von ihnen sind bewohnt.*

*Früher ließen sich hier christliche Einsiedler nieder. Heute verbringt die High Society Istanbuls hier das Wochenende abseits des Millionenkessels.*

In einer Kultur, die das heilige Wort hochschätzt, war von alters her die Gabe der Rezitation geschätzt; zu Gehör kamen dabei fast immer Koranverse oder religiös motivierte Lyrik. Erst seit Mitte des 19. Jahrhunderts entwickelte sich in der Türkei eine der westlichen vergleichbare Literatur, die Roman, Theater und Essay in das städtische Kulturleben Istanbuls einführte. Von den türkischen Dichtern und Schriftstellern haben im deutschsprachigen Raum bis heute nur wenige Anerkennung gefunden, darunter Nazim Hikmet oder der Linksintellektuelle Aziz Nesin. Mit literarischen Lorbeeren hingegen feierte man Yaşar Kemal, der 1997 den renommierten Friedenspreis des Deutschen Buchhandels erhielt. Sein Epos »Mehmet mein Falke« erzählt von einem geknechteten Jüngling aus einem anatolischen Bauerndorf, der schließlich zum Befreier seines Volkes wird. Hier verarbeitete er türkische Märchen und Sagen und schließlich wurde sein Roman selbst zu einer Legende: Man liest sich die Geschichten im Teehaus vor, wandernde Sänger erzählen sie nach.

Einen festen Platz in der türkischen Literatur kann Nasreddin Hodscha beanspruchen. Diese – unserem Till Eulenspiegel ähnliche – Persönlichkeit wirkte im 13. Jahrhundert in Akşehir. Nasreddin Hodscha werden zahlreiche Anekdoten nachgesagt, die als Sammlung in jedem türkischen Haushalt zu finden sind. Jeder hat seine Lieblingsgeschichte: »Eines Tages suchte Hodscha nach seinem Esel, wobei er sich ständig bei Gott bedankte. Leute, die ihn so sahen, fragten: Hodscha, wieso bedankst du dich ständig für deinen verlorenen Esel bei Gott? Nasreddin Hodscha antwortete: Ja, wieso denn nicht? Stellt euch vor, ich säße auf dem Esel – ich wäre ja auch verloren!«

Bereits orientalisch klingt in westeuropäischen Ohren die türkische Musik. Das beruht auf der so genannten Diatonik, einem System, das die Tonleiter in fünf Ganz- und zwei Halbtonschritte aufteilt. Populär sind bis in unsere Tage Reihen-, Kreis- und Rundtänze, zu denen die klassischen Instrumente aufspielen: die Saz (ein Zupfinstrument, vergleichbar der Laute), die der Schalmei ähnelnde Zyrna, die Ney genannte Rohrflöte und die Kemence, ein wie das Cello gehaltenes Streichinstrument. Für den Rhythmus sorgen die Pauke Davul und Zimbeln.

Die junge Generation bevorzugt jedoch flottere Klänge. Man steht auf eine Mischung aus orientalischen Harmonien und europäisch/amerikanischen Elementen aus Techno, Rap oder Flamenco: Unter »Türkenpop« firmiert diese erfolgreiche Verschmelzung, deren Idol der Sänger Tarkan ist – übrigens ein in Deutschland geborenes Emigrantenkind. Wie sehr diese Musik den allgemeinen Geschmack trifft, dafür spricht der Sieg der Sängerin Sertab Eremer beim Grand Prix Eurovision im Jahr 2003 (erstmalig für die Türkei), die mit ihrer Haremshymne über Grenzen hinweg begeisterte.

Ebenfalls auf internationalem Niveau spielt der Fußballclub Galatasaray Istanbul. Gekickt wird heute im kleinsten Dorf Anatoliens. Andere Sportarten haben eine ältere Tradition, etwa das Ringen. Die Gegner schmieren sich zuvor mit Öl ein, damit man aneinander abrutscht und der Kampf noch spannender wird. Seit über 600 Jahren treffen sich die Kontrahenten zum Wettbewerb in Edirne.

## DIE TÜRKEI – EIN LAND IM UMBRUCH

Die Jugend drängt es zu einem westlichen Lebensstil. Aber noch ist nicht jener Menschentyp ausgestorben, von dem der türkische Schriftsteller Haldun Taner schreibt: »Der Mann auf der Straße ist fast wie ein Derwisch, der das Leben nimmt, wie es kommt, ohne Ehrgeiz, ohne Plan. Er ist arm, aber großherziger als die Reichen, teilnahmsvoll und brüderlich. Die Kunst, mit wenigem zufrieden zu sein, hat er nicht aus Büchern, das Leben war Lehrmeister. Er versteht sich auf das kleine Glück, ob es regnet oder schneit, er weiß das beste daraus zu machen.«

***Seite 22/23:*** *Schiffe in einer Meeresbucht nahe der Kleinstadt Kale, deren früherer Name Myra war. Dort an der Südküste Kleinasiens wirkte im 3. Jahrhundert ein Mann, den man fast in der ganzen Welt kennt: der heilige Bischof Nikolaus.*

***Seite 24/25:*** *Nicht auf dem Mond, sondern im westanatolischen Pamukkale können diese Terrassen und Becken aus weißem Kalksinter bestaunt werden. Ihr Thermalwasser hat eine Temperatur von 33 Grad und enthält Kalk und Kalziumkarbonat. Das Wasser soll vor Herz-Kreislauf-Erkrankungen schützen und wurde schon von den Römern medizinisch genutzt.*

*Am Nordeingang des Golfes von Izmir liegt das malerische Hafenstädtchen Foça, das 1576 an der Stelle des antiken Phokäa gegründet wurde.*

»Urlaubsvergnügen total« verspricht ein Ferienkatalog von der türkischen Ägäis – und das ist in der Tat nicht übertrieben. Die Strände der Halbinseln Ceşme und Bodrum etwa gelten als legendär. Die Infrastruktur bietet alles, was der Erholung und der Unterhaltung dienlich sein kann. Hier findet man Fischerdörfer, die man – um den kitschigen Begriff zu bemühen – nur als »malerisch« bezeichnen kann. Schließlich steuert die Natur ihren Teil zur begreiflichen Beliebtheit dieses Stücks Erde bei: 600 Kilometer Küste mit vielen Buchten, und einem mediterranen Klima, in dem Oliven, Wein und Tabak gedeihen.

Viel mehr als nur eine kulturelle Zugabe sind die bedeutenden Orte des Altertums, die eigentlichen Höhepunkte einer Türkeireise: Wer ließe sich ohne Not Troja, Pergamon (heute Bergama) und Ephesus entgehen, diese antiken Metropolen?

Den stolzen Titel »Perle der Ägäis« trug einst die Stadt Izmir. Im Lauf der Jahrzehnte schwoll ihre Einwohnerzahl auf etwa zwei Millionen an. Damit avancierte Izmir zwar zur drittgrößten Stadt der Türkei, doch büßte sie durch ihre umfangreiche Industrie auch viel vom ehemaligen Reiz ein. Als Zentrum der Küstenregion ist die Stadt – in der Persönlichkeiten wie der sagenhafte Dichter Homer und der prominente Reeder Aristoteles Onassis zur Welt kamen – dennoch sehenswert. Izmir gilt als liberalste Stadt der heutigen Türkei. Im Stadtteil Alsancak gibt es Geschäfte und Boutiquen, Clubs, Bars und Diskotheken. Dieser Kontrast zwischen orientalischer Kultur und Moderne macht Izmir zu einem sehenswerten Reiseziel.

In der Antike lautete ihr Name übrigens Smyrna. Der Dichter Friedrich Hölderlin schrieb in seinem Briefroman »Hyperion« im Jahr 1797 die sehnsüchtigen Sätze: »Auch denke ich gern an meine Wanderungen durch die Gegend von Smyrna. Es ist ein herrliches Land, und ich habe tausendmal mir Flügel gewünscht, um des Jahres einmal nach Kleinasien zu fliegen.« – Wie schade nur: Hölderlin betrat nie kleinasiatischen Boden. Ihm war nur das Träumen gegönnt.

CELEP
BALIK RESTAURANT
CELEP
BALIK RESTAURANT
PEPSI
KORD
BALIK RESTA
Can kardeşler
MARKET
EVI

*Io, eine Priesterin der Göttin Hera, wurde vom Gott Zeus zu seiner Geliebten erwählt. Von Hera beim Liebesspiel überrascht, verwandelte Zeus Io in eine weiße Kuh und leugnete die Verbindung zu ihr. Hera aber quälte das Tier mit einer Bremse; solchermaßen getrieben hetzte die Kuh zum ionischen Meerbusen und setzte bei der thrakischen Meerenge nach Asien über – so erzählt es die griechische Mythologie. Die Meerenge wird seither »Rinderfurt« genannt; eben dies bedeutet das Wort »Bosporus«.*

*Die Stadt mit vielen Gesichtern funkelt geheimnisvoll in tausendundeiner Nacht. Hier haben das Erbe der Antike und der Zauber des Orients sich vermählt. 60 Feuersbrünste, 40 Erdbeben und 26 Belagerungen hat Istanbul im Lauf der Jahrhunderte durchgemacht. Es war Hauptstadt dreier Reiche und Verkehrsknotenpunkt auf dem Weg von Europa nach Kleinasien, Jerusalem und über Persien bis in den Fernen Osten.*

*Nur sechs Jahre benötigten die etwa 10 000 Handwerker zur Fertigstellung dieser architektonischen Meisterleistung: Die Hagia Sophia war einst die größte Kirche der Welt. Der römische Kaiser Justinian soll im Jahr 537, als er den eben fertiggestellten Bau erstmals betrat, ausgerufen haben: »Salomon, ich habe dich übertroffen.« Einst Heiligtum der orthodoxen Christenheit, dann von den Kreuzrittern geschändet, schließlich von den muslimischen Eroberern zur Moschee umgewidmet, bis sie Atatürk zum Museum machte: Die Hagia Sophia hat alles überdauert.*

*Ein Tempel für zwei Religionen: Arabische Schriftzeichen, die nach Mekka weisende Gebetsnische und die Loge für den Sultan sind deutliche Zeichen der muslimischen Epoche in der Hagia Sophia. Wegen des Bilderverbots im Islam (»Du sollst dir kein Bildnis anfertigen«, mahnen die heiligen Schriften) hatten die Muslime einst die Mosaiken mit Kalk bestrichen. Atatürk ließ sie wieder freilegen: Seither erstrahlt der thronende Christus in der Apsis, wie er es schon vor fast 1500 Jahren tat.*

*Die Sultan-Ahmet-Moschee, ihrer 20 000 Fayencekacheln wegen auch »Blaue Moschee« genannt, wurde von ihrem Namensgeber ab 1609 errichtet, um die gegenüberliegende Hagia Sophia zu übertrumpfen. Sie galt als die Hauptmoschee des Osmanischen Reichs. So stehen heute zwei Gebäude von Weltruhm einander gegenüber, unterschiedlich von Gestalt, doch gleichrangig an Würde und Schönheit.*

*Mit ihrem goldenen Licht mag die Moschee Sokullu Mehmet Paşa einen Vorgeschmack auf das Paradies vermitteln. Den Mittelpunkt bildet der so genannte Mihrab, die zur heiligen Stadt Mekka weisende Nische. Die daneben zu sehende kleine Treppe wird Minbar genannt und dient freitags als Kanzel für den Imam.*

*Als die schönsten byzantinischen Mosaiken Istanbuls gelten jene aus dem »Kariye Camii«, der ehemaligen Kirche des Chora-Klosters. In der Kuppel strahlt golden der »Pantokrator« – der Allherrscher Christus. Die muslimischen Eroberer zerstörten diese Kunstwerke glücklicherweise nicht, weil sie Jesus zwar nicht als Gottes Sohn, wohl aber als Propheten verehren.*

*Aus dem 10. Jahrhundert stammt dieses Mosaik über dem Eingang zur Hagia Sophia. Es zeigt in der Mitte die Gottesmutter Maria mit dem Christuskind auf dem Schoß. Von rechts tritt Konstantin, von links Justinian heran. Die beiden Kaiser halten Modelle vom Gotteshaus selbst und von der Stadt Konstantinopel in den Händen.*

*Kaiser Leo III. ließ im Jahre 754 die Verehrung von Bildern verbieten. Damit kam der »Byzantinische Bilderstreit« zu seinem Höhepunkt. Aus der Zeit nach dem Streit stammt dieses Mosaik, das Christus eingerahmt von Aposteln und Heiligen zeigt.*

# I S T A N B U L – DIE

Metropolen wie Tokio, Paris oder New York mögen beeindrucken – Istanbul aber verzaubert! Wer im Morgenlicht auf das von Kuppeln und Minaretten geprägte Panorama blickt und dabei den Ruf eines Muezzin vernimmt, der glaubt sich in ein Reich aus Tausendundeiner Nacht versetzt – und wäre wohl kaum überrascht, wenn auf einmal der Sultan in einer Sänfte vorbeigetragen würde. Schon der Gründer der Stadt namens Byzas machte sich im 7. Jahrhundert v. Chr. die geografische Besonderheit dieses Ortes am Schnittpunkt zwischen den Kontinenten Europa und Asien zu Nutze. Die Meerenge des Bosporus verbindet das Schwarze Meer mit dem Mittelmeer. Ein idealer Platz für den Handel und den Austausch der Kulturen – bis heute! Von der Natur besonders günstig angelegt: eine Bucht zwischen zwei Landzungen, die einen geräumigen Hafen bildet.

Sie trägt den schönen Namen »Goldenes Horn«, weil man in ihr mit etwas Phantasie die Form eines Rinderhorns erkennen kann. Und im Abendlicht glänzt das Wasser golden. Die Galatabrücke überspannt diese Bucht.

Die strategische Lage und der Reichtum dieser Stadt lockten verschiedene Machthaber an. Griechen, Germanen und Römer eroberten, plünderten, zerstörten sie, und bauten die Stadt umso herrlicher wieder auf. Im Jahr 324 machte sie Kaiser Konstantin I. zur Hauptstadt seines Reiches und gab ihr den stolzen Namen »Neu-Rom«. Schon sechs Jahre später stand die nächste Umbenennung an, in »Konstantinopel«. Die römischen Kaiser vermehrten durch beeindruckende Bauwerke das Ansehen der Stadt. Allen voran ist die Hagia Sophia zu nennen, mit deren Bau im Jahr 347 begonnen wurde. Die einst größte Kirche der Christenheit galt als achtes Weltwunder und sollte in ihrer Pracht den Tempel Salomos in Jerusalem übertreffen.

***Links:*** *Die Bosporusbrücke im Abenddunst. Sie wurde 1973 fertiggestellt und verbindet die Kontinente Europa und Asien, ihre Fahrbahn schwebt 64 Meter über dem Wasser.*

***Oben:*** *Einem brodelnden Kessel gleicht das Treiben im Großen Basar. Tausende von Menschen strömen täglich durch die 61 Einkaufsstraßen und betrachten das überreichliche Warenangebot.*

***Rechts oben:*** *So mag es vor zweihundert Jahren in der Blauen Moschee zugegangen sein: die Männer mit Kaftan und Pluderhose bekleidet, einen Turban auf dem Kopf.*

***Rechts Mitte:*** *Ursprünglich war der Basar aus Holz errichtet, doch nach Beschädigungen durch Brände und Erdbeben ließ man ihn ab dem 17. Jahrhundert aus Stein mauern.*

# HEIMLICHE HAUPTSTADT

***Rechts unten:*** *Orientalische Freuden in gediegenem Ambiente: Männer unter sich beim Rauchen der Wasserpfeife und dem Schlürfen von Mokka im Kaffeehaus.*

***Ganz rechts:*** *Reich verziert prunkt dieser Brunnen im orientalischen Stil und legt stummes Zeugnis vom einstigen Reichtum der Stadt ab.*

Bereits im 7. Jahrhundert belagerten Araber Konstantinopel. Aber erst 1453 gelang es dem osmanischen Sultan Fatih Mehmet II. die Stadt einzunehmen. Er benannte sie in »Istanbul« um und ließ sich den Topkapi-Palast bauen, den man kontinuierlich bis ins 19. Jahrhundert erweiterte. Aus der Hagia Sophia machten die muslimischen Herrscher eine Moschee. Seit 1935 ist sie ein Museum. Um der Größe und Monumentalität dieses Bauwerks etwas entgegen zu halten, schuf man die Sultan-Ahmet-Moschee, die wegen ihrer 20 000 blauen Fliesen auch »Blaue Moschee« heißt. Als einziges islamisches Gotteshaus weltweit wird sie von sechs Minaretten geziert; nur in der heiligen Stadt Mekka gibt es deren sieben.

## BASAR DER SINNE

Der Aufbau des »Bedeckten Basars«, der bei keinem Istanbul-Aufenthalt ausgelassen werden sollte, begann im 15. Jahrhundert. Ein einziges Sehen, Riechen, Hören und Staunen tut sich dort auf! Der Basar umfasst heute auf 30 000 Quadratmetern rund 4000 Geschäfte, die an etwa acht Kilometern Einkaufsstraße liegen. Es gibt nichts, was es dort nicht gibt: Gold, Silber und Edelsteine, Teppiche, Stoffe und Pelze, Gewürze, Parfüme und Öle, Bücher und Plastikwaren »made in China«. Wer in diesem unvergleichlichen Ambiente kein passendes Souvenir findet, dem ist nicht zu helfen. Sicher begegnet man einem Teeverkäufer, den Samowar auf den Rücken geschnallt, oder jemandem, der ein Porzellanbecken vor dem Bauch trägt, damit man sich gegen ein paar türkische Lira die Hände waschen kann. Und vielleicht sieht man auch einen alten Mann, dem die rechte Hand fehlt – so bestrafte man noch vor Jahrzehnten einen Dieb.

Die glanzvolle Metropole hatte immer wieder unter Beschädigungen durch Kriege, Erdbeben oder Feuersbrünste zu leiden. Heute machen der Stadt die Landflüchtlinge aus den unterentwickelten Gebieten Anatoliens zu schaffen, die an den Rändern Istanbuls Armutsgebiete wuchern lassen. Mit etwa zwölf Millionen Einwohnern ächzt die Stadt unter der Belastung, ihren traditionellen Charme bewahren zu können und doch modernen Bedürfnissen Rechnung zu tragen. Ein kosmopolitischer Ort, hier pocht das Herz der Türkei. In diesem Völkergemisch gedeihen Kultur, Wirtschaft, Wissenschaft und Finanzen, obwohl Atatürk nicht Istanbul, sondern Ankara zur Hauptstadt der neuen Türkei gemacht hat.

Der Istanbul-Kenner Heinrich von Loesch meint, man könne der Stadt eine Menge vorwerfen, sie schlampig und gebrechlich schimpfen, das extreme Klima beklagen – schneidende Kälte im Winter, siedende Hitze des Sommers –, bemängeln, dass vieles ärmlich wirkt und alt sei (außer den Antiquitäten im Basar). Doch: »Nur eines kann man dieser Stadt nicht vorwerfen: Mangel an Leben und Lebhaftigkeit.«

***Linke Seite:***
*Der Harem im Topkapi Sarayi war die Wohnung für den Sultan und seinen Anhang. Dazu zählten allerdings auch die Sklavinnen und Diener. Schätzungen reichen bis zu 1000 Haremsdamen, die von einigen hundert schwarzen Eunuchen in Schach gehalten wurden. Der mehrgeschossige Bau umfasst 300 Räume. Hier der Thronsaal im Harem.*

***Unten:***
*Sagenhafte Reichtümer barg einst die Schatzkammer des Palastes, zum Beispiel die mit purem Gold geschmückte Rüstung des Sultan Mustafa II.*

***Unten:***
*400 Jahre lang regierten die osmanischen Herrscher ihr Reich vom Topkapi Sarayi aus. In diesem verwirrenden Komplex lebten einst 15000 Menschen: Repräsentationssäle und Verwaltungsgebäude gehörten dazu, der Harem, Pavillons, Höfe, Gartenanlagen, eine Moschee und – hier im Bild – die Bibliothek Ahmets III.*

*Der Harem ist ein sagenumwobener Ort. Man erzählt sich viele Geschichten über dieses Serail, von denen jedoch die meisten eher blühende Phantasie dokumentieren als die Wirklichkeit.*

*Diese aufwändig gestaltete Fayencewand ziert den Sünnet Odasi, den ehemaligen Beschneidungsraum: Alle im Palast geborenen männlichen Kinder wurden hier nach muslimischem Ritus an der Vorhaut beschnitten und damit zu einem vollwertigen Mitglied der islamischen Gemeinde.*

*Der Eingang zur Selimiye-Moschee in Edirne, das westliche Grenzstadt am »Dreiländereck« der Türkei zu Bulgarien und Griechenland ist. Die einzige türkische Großstadt auf dem europäischen Kontinent war einst Vorposten für die Reichszentrale Istanbul, und zeitweilig auch Sommerresidenz für die Sultane.*

*Vornehm und fein gegliedert wirkt das Innere der von Sultan Selim gestifteten Moschee: Lichtdurchflutet der Gebetsraum, überdacht von einer scheinbar schwebenden Kuppel. Den faszinierenden Bau schuf der Architekt Koca Sinan im 16. Jahrhundert. Der Meister schuf 465 Bauwerke, von denen die meisten bis auf den heutigen Tag bestehen.*

*Sultan Beyazit war um das seelische und körperliche Wohl seiner Untertanen bemüht. Vor den Toren Edirnes ließ er einen Komplex errichten, hier der Arkadenhof, der neben einer Moschee auch ein Krankenhaus, eine Medizinschule und Gästehäuser nebst einer Bäckerei umfasste.*

*Ein Muslim soll sauber zum Gebet erscheinen. Deswegen reinigen sich die Gläubigen, bevor sie die Moschee betreten, Gesicht, Hände und Füße. Dafür befinden sich im Vorhof der Gotteshäuser Brunnen mit fließendem Wasser.*

*Der Hofarchitekt Koca Sinan errichtete die Selimiye-Moschee in Edirne: 31 Meter Durchmesser misst die Kuppel. In einer Höhe von 42 Metern wölbt sie sich anscheinend schwerelos.*

*Vier doppelt so hohe Minarette (die höchsten der islamischen Welt) vollenden dieses anmutige Bild osmanischer Baukunst, das einzigartig blieb.*

***Rechts:***
*Ob es das von Homer beschriebene Troja wirklich gab, und wenn ja, ob es sich an dieser Stelle befand, darüber mögen die Gelehrten streiten. Fest steht: Der deutsche Archäologe Heinrich Schliemann grub und fand gleich mehrere Schichten einer Siedlung, deren Gründung 5000 Jahre zurückliegt. Ein Nachbau zeigt das Trojanische Pferd, mit dem die Verteidiger der Stadt überlistet worden sein sollen.*

***Unten:***
*Südwestlich von Çanakkale eröffnet sich dieser Blick auf das Marmarameer; die Küste im Hintergrund gehört zum europäischen Zipfel der Türkei.*

***Oben:***
*Nur die 1,2 Kilometer breiten Dardanellen trennen Europa von Kleinasien: Die gegenüber Çanakkale liegende Festung Kilitbahir wurde 1462 unter Sultan Fatih Mehmet gegründet. Die Übersetzung des Namens dieses wuchtigen Bauwerks lautet passend: »Meerverschluss«. Die strategische Bedeutung für das nahegelegene Konstantinopel beziehungsweise Istanbul liegt auf der Hand.*

***Links:***
*Die Ruinen der römischen Thermen von Alexandreia Troas an der Nordägäis sind noch kaum freigelegt. Kaiser Konstantin soll erwogen haben, diese Stadt – und nicht Byzanz – zu seinem »neuen Rom« auszubauen.*

***Unten:***
*»Perle am Golf von Edremit« nennt man Behramkale. Das Dorf bemühte sich um Einpassung in den antiken Ort Assos, auf dessen Grundmauern es errichtet ist. 700 Einwohner (und fast so viele Sommergäste) genießen einen berauschenden Blick aufs Meer.*

***Rechts oben:***
*Lady Craven, eine englische Reisende aus dem 18. Jahrhundert, notierte in Kleinasien: »Hier befinden sich die aller-*

*schönsten Ruinen, von denen sich ein Künstler inspirieren lassen kann.« So zum Beispiel von diesen Säulen des Athena-Tempels in Assos.*

***Rechts Mitte:*** *Von den rund 70 Millionen Türken leben zwei Drittel in Städten. So herrscht im Hafen des Dorfes Assos noch angenehme Morgenruhe.*

***Rechts unten:*** *Wer die Türkei verstehen will, muss sich mit dem Islam auseinandersetzen: Hier die frühosmanische Moschee von Behramkale.*

*Märkte unter freiem Himmel sind wesentlicher Bestandteil türkischer Kultur. Der Kunde kann das Warenangebot in Ruhe begutachten, vergleichen und probieren. Gefeilscht wird nicht, wenn man ein Pfund Obst kauft, sondern erst bei größeren Anschaffungen. Dann kann sich der Prozess der Preisfindung allerdings hinziehen.*

*Ein Glas Tee tut da immer gut, bei Kühle und Hitze. Hier im Bild, was die Wochenmärkte in Sarimsakli und Edremit offerieren: Gewürze, Hülsenfrüchte, Nüsse, Oliven, Käse. Da man ein türkisches Haus in der Regel ohne Schuhe betritt, um den Schmutz vor der Tür zu lassen, besteht auch immer Bedarf an Teppichen.*

**Rechts:**
*Das Wasser klar und von angenehmer Temperatur – am feinsandigen Strand bei Ören südlich von Edremit hat man auch während der Hochsaison genügend Platz.*

**Unten:**
*Den martialischen Namen »Teufelstisch« trägt ein Felsplateau zwischen Ayvalik und Sarimsakli. Von dort hat man einen Rundblick auf die zerklüftete Küstenlandschaft. Es heißt, wer in eine bestimmte Felsspalte eine Münze werfe, habe beim Teufel einen Wunsch frei …*

***Oben:***
*Die Küste östlich von Assos. Im Hintergrund die zu Griechenland gehörende Insel Lesbos. 600 vor Christus lebte hier die Lyrikerin Sappho, die in zahlreichen Gedichten die Liebe besang.*

***Links:***
*Boote im Hafen von Ayvalik. Gutbetuchte Istanbuler gehen tagsüber auf Segeltörn und machen nachts ihre Touren durch Pubs und Discos der Kleinstadt.*

***Unten:***
*In auffälliger, abgestufter Form wurde dieses Felsengrab vor 2400 Jahren bei Foça errichtet. Das Hafenstädtchen Foça wurde erst 1576 an der Stelle des antiken Phokäa gegründet.*

***Unten:***
*Für den Tempel des Trajan in Pergamon wurde eigens eine Fundamentkonstruktion aus Stützbögen erbaut. Der Peripteros aus weißem Marmor entstand während der Regierungszeit Trajans, wurde aber später durch ein Erdbeben zerstört.*

***Rechts oben und unten:***
*Die Überreste des Trajan-Tempels und des Theaters (das steilste der antiken Welt) mögen einen vagen Eindruck vermitteln, welch üppige Kultur einst in Pergamon blühte. Wissenschaft, sportlicher Wettkampf, religiöser Kult und Handel machten aus der Stadt eine einflussreiche Metropole.*

**Oben:**
*»Was mich beim Reisen belebt, ist, dass ich ohne bestimmten Zweck irgendwo anhalten und, was sich dort bietet, behaglich genießen kann«, schrieb der französische Philosoph Michel de Montaigne in seinen »Essais«. Hier hätte er wahrscheinlich Halt gemacht, zu einem Blick aufs Meer an diesem Bauernhaus bei Foça.*

**Rechts:**
*Hervorragende Fischrestaurants servieren im Hafenstädtchen Foça Meeresfrüchte in vielerlei Variationen: gebraten, gegrillt, gedünstet, als Suppe oder Salat. – Dieser Fischer sorgt für frischen Nachschub.*

***Oben:***
*Foça entwickelte sich vom kleinen Ort zum Urlaubszentrum. Von seiner großen Historie (Kultstätten aus dem 5. Jahrhundert vor Christus) zeugen nur mehr spärliche Reste. Doch man kommt wegen des nördlich gelegenen Strandes und der angenehmen Atmosphäre.*

***Links:***
*Im Westen Kleinasiens spart die Natur nicht mit Farben: Roter Klatschmohn blüht vor einem prächtigen Olivenhain bei Troja. Wird er gepflückt, verwelkt er in kurzer Zeit. Bleibt nur, diese Schönheit mit den Augen aufzusaugen und im Herzen zu bewahren…*

***Linke Seite:***
*Im Messe-, Industrie- und Handelszentrum Izmir leben heute rund zwei Millionen Menschen; schon um Christi Geburt waren es 100 000 (und damit viel mehr als in Athen). Diese regionale Metropole an der Westküste verfügt über den größten Ausfuhrhafen des Landes. Während der Kämpfe des Befreiungskrieges 1922 brannte Izmir fast vollständig ab.*

***Unten:***
*Das Basarviertel, das sich vom Konakplatz in nordöstlicher Richtung erstreckt, verheißt orientalische Atmosphäre.*

***Unten:***
*Die Altstadt atmet noch den Geist des alten Izmir. Die Sadirvan-Moschee aus dem 17. Jahrhundert ist eine der schönsten der Stadt.*

***Oben:***
*Ein Prachtexemplar einer Meerschaumpfeife: Geschnitzt werden die Pfeifenköpfe aus einem milchweißen Mineral, das beim Trocknen härter und leichter wird.*

***Oben:***
*Die Karawanserei »Kizlaragazi Hani« diente im 18. Jahrhundert als Quartier für Händler und Warenlager. Einst wurden hier Sklaven verkauft, heute Souvenirs.*

**Rechts:**
*Vorbildlich restauriert wurde das Gymnasion von Sardis: Gymnasien waren im antiken Griechenland öffentliche Anlagen, in denen Jünglinge und Männer ihren Körper ausbildeten – und zwar nackt. Dem Gymnasion angeschlossen war auch eine Synagoge. In Sardis lebte einst eine große jüdische Gemeinde.*

**Unten:**
*Viel blieb nicht übrig vom Artemistempel in Sardis. Viele Eigenschaften wurden der griechischen Göttin zugedichtet: Sie führe die Jagd zum Erfolg, bringe aber auch Tod und Pest; sie schütze und schenke Fruchtbarkeit. In Sardis war das Zentrum des Lydischen Reiches, das in der Antike die Ägäis beherrschte.*

***Oben:***
*Die Türken haben eine Menge Probleme zu lösen, aber die Lust am Dasein lassen sie sich nicht nehmen. Zu religiösen oder staatlichen Feiertagen versammelt man sich zu fröhlichen Volksfesten, wie hier in Westanatolien.*

***Links:***
*Aphrodisias wurde die Stadt in Westanatolien zu hellenistischer Zeit benannt, da ihr Heiligtum der Göttin der Liebe, Aphrodite, gewidmet war. Das Stadion der antiken Anlage aus dem 1. Jahrhundert nach Chr. gilt als das besterhaltenste derartige Bauwerk. Es bot über 30 000 Menschen Platz.*

# SIGARA DÖREGI ODER BULGUR PILAVI –

Schwarz wie die Nacht, heiß wie die Sonne und süß wie die Liebe – so soll er sein, der türkische Mokka. Traditionell wird dafür Kaffeemehl mit Wasser und Zucker in einem Messingkessel über offenem Feuer zum Kochen gebracht. Man lässt die Flüssigkeit mehrmals aufwallen und verfeinert sie vor dem Servieren mit einem Körnchen Salz. Der Kaffeesatz bleibt in der Tasse. Doch das Mokkaschlürfen ist im Lauf der letzten Jahrzehnte zu einer seltenen Zeremonie geworden. Weil die Einfuhr von Kaffeebohnen zu teuer war – die Devisen fehlten – verlegten sich die

Türken aufs Teetrinken (und konsumieren mittlerweile statistisch betrachtet mehr als die Engländer). Tee wächst im eigenen Land, in der Gegend um Rize an der Schwarzmeerküste. »Çay«, wie Tee auf türkisch heißt, gibt es zu jeder Gelegenheit, ob zur Begrüßung eines Gastes, bei Abschluss eines Handels oder einfach zwischendurch: in kleinen Gläsern und, ähnlich dem Mokka, süß, heiß und goldbraun. Einen starken Aufguss verdünnt man mit Wasser aus dem Samowar.

***Seite 57 oben:***
*Baliklar heißt Fisch. Wer die Meerestiere mag, kommt in der Türkei auf seine Kosten. Dieser Stand auf dem Wochenmarkt in Söke bietet alles fangfrisch an.*

***Links:***
*Symbole türkischer Lebensart: Mokka und Tee; heiß geliebt und ebenso getrunken. Wenige Schlucke dieser stark aufgebrühten Getränke genügen, um die Lebensgeister zu wecken. Deshalb nimmt man sie mehrmals täglich zu sich.*

***Rechts und links:***
*Die türkische Küche ist weder verspielt, noch auf Effekte aus: Es soll schmecken und sättigen. Eine Frau in Patara zeigt, wie man eine Gözleme herstellt, eine Art Kreuzung aus Pfannkuchen und Pizza. Der Teig wird mit Spinat und Schafskäse gefüllt, zusammengeschlagen und gebacken.*

***Seite 57 unten:***
*Einen gemischten Vorspeisenteller sollte man sich nicht entgehen lassen. Meist sind darauf gegrillte Auberginen und ein Püree aus Tomaten zu finden.*

# TÜRKISCHE KÖSTLICHKEITEN

Die »Teehäuser« sind Dorfstuben oder Versammlungslokale für die männliche Bevölkerung. Dort wird diskutiert, Karten oder Tavla (Backgammon) gespielt, und die Wasserpfeife geraucht. Was unseren Kneipen ähnelt – obwohl dort in der Regel kein Alkohol ausgeschenkt wird – eignet sich nicht als Speiselokal. Wer die türkische Küche kennen lernen möchte, sollte eine Gaststätte aufsuchen; diese heißen »Lokanta« oder »Pide Salonu«.

Die türkische Küche bemüht sich weitgehend, den Eigengeschmack der Zutaten zu bewahren. So würzt man im allgemeinen nur mild mit Minze, Petersilie, Kreuzkümmel oder Koriander, verarbeitet mehr Salat und Gemüse als Fleisch, und überzeugt durch eine großen Variantenreichtum in der Zubereitung. Schon die Vorspeisen regen den Appetit an: die Cremes aus Auberginen, Kichererbsen und Sesam sollte man auf jeden Fall probieren, dazu ein Püree aus Tomaten, Petersilie und Pfefferschoten, eine Paste aus Hühnerfleisch mit Nüssen und Teigröllchen mit Schafskäsefüllung (die ihrer Form wegen »Sigara Döregi« heißen, gefüllte Zigaretten). Zu Krabben, Muscheln und Tintenfischringen passt die mit Dill und Knoblauch verfeinerte Jogurtsoße.

Ein Land, das an drei Seiten vom Meer umgeben ist, serviert gern Fisch: Goldbrasse, Steinbutt, Seeteufel und Seebarsch, Schwert- und Thunfisch, Hummer, Krevetten, Oktopus – was aus der See zu holen ist, wird an der Küste fangfrisch gegrillt auf den Teller gebracht. Das Fleisch stammt von Hammel oder Rind; Schwein zu verzehren ist Muslimen aus religiösen Gründen nicht gestattet. Geschmort, am Spieß, zu (scharf gewürzten) Hackfleischbällchen verarbeitet oder, wie man es auch in unseren Breiten als »Kebap« kennt, in mundgerechten Happen mit Brot und Soße: auf die Fleischzubereitung verstehen sich die türkischen Köchinnen und Köche. Beilagen bilden Reis mit Korinthen, Pinienkernen und Gewürzen, oder »Bulgur Pilavi«, eine Weizengrütze, aber ebenso Kartoffeln, und natürlich das Fladenbrot. Salate fehlen nicht, wie zum Beispiel aus geraspelten Zucchini. Wer sich über das Übliche hinauswagt, sollte gebratene Leberstückchen mit Zwiebeln kosten oder türkische Ravioli, zu denen man kalte Jogurtcreme reicht.

## »TÜRKISCHES ENTZÜCKEN« ZUR NACHSPEISE

Zum Dessert kommt frisches Obst auf den Tisch: Honig- oder Wassermelone, Weintrauben, Orangen und süße Zwergbananen. Die Puddings sind ebenfalls eine Delikatesse, beispielsweise in den Variationen Schokolade, Kokos oder Milchreis. Wie die griechischen Nachbarn kennen die Türken »Helva«, eine feste Sesammasse, die in Scheiben geschnitten wird. Bereits orientalisch muten die »Baklawa« an, von Honigsirup triefende Stückchen von Blätterteigkuchen mit Walnüssen und Pistazien. Eine echte Spezialität stellt »Lokum« dar, der türkische Honig. Dieses aromatisierte Gelee wird oft mit dem englischen Begriff »turkish delight« bezeichnet, was etwa mit »türkisches Entzücken« übersetzt werden kann.

Getrunken wird Wasser und Tee, im Sommer frisch gepresster Orangensaft oder »Ayran«, ein flüssiger Jogurt. Trotz des islamischen Alkoholverbots nehmen die Türken gern ein Glas Wein zu sich. Kultiviert werden sehr respektable Weiß- und Rotweine. Und sogar das im Land gebraute Bier enttäuscht keineswegs. Den Abschluss einer feinen Mahlzeit bildet ein »Raki«, der Bruder des griechischen Ouzo: Anisschnaps, der mit Wasser verdünnt, eine weiße Farbe annimmt und so zur »Löwenmilch« wird. In diesem Sinne: »Serefe!« – »Zum Wohl!«

***Oben:***
*Zwischen den Halbinseln von Çesme und Karaburun liegt der tiefblaue Golf von Ildir. Mit seinen Häfen und Buchten ist er ein Paradies für Segler.*

***Rechts:***
*Auf der Halbinsel von Çesme, beim Fischerdorf Ildir, gibt es zahlreiche Ferienhäuser und Villen an der wildromantischen Küste. Bis zum Strand braucht man nur ein paar Schritte zurückzulegen.*

***Oben:***
*An der Spitze der Halbinsel Çesme liegt die gleichnamige Stadt. Der Name bedeutet »Brunnen« oder »Quelle«, denn der Ort war schon zu Zeiten der Griechen und Römer für seine heißen Heilquellen berühmt und wurde als erholsame Sommerfrische geschätzt.*

***Links:***
*Das Fischerdorf Siğacik. Den Ortskern umgibt eine etwa zwei Meter hohe, sehr dicke Feldsteinmauer, die vor etwa 600 Jahren errichtet wurde. In der Nähe liegen die Ruinen des antiken griechischen Teos.*

***Links oben:***
*Die »Untere Agora« in Ephesus ist ein quadratischer Platz von 110 Metern Seitenlänge. Alle vier Seiten waren einmal von Säulenhallen mit Kaufläden flankiert. Den Zustand dieser Anlage sah der Philosoph Heraklit, der im 5. Jahrhundert in Ephesus lebte, schon weise voraus: »Alles ist vergänglich.«*

***Links Mitte:***
*Im Innern strahlend weiß präsentierte sich einst die Johannes-Basilika in Selçuk. Kaiser Justinian ließ sie um 550 erbauen. Im 14. Jahr-*

hundert machten die Osmanen aus der Kirche eine Moschee, dann nutzte man sie als Basar. Schließlich wurde das Bauwerk durch ein Erdbeben zerstört.

***Links unten:***
*Nur noch Trümmer – und doch versöhnt diese Idylle mit der Vergänglichkeit alles Irdischen. Einst verehrte man im Tempel zu Teos den Gott Dionysos. Wenige Kilometer entfernt liegt das Fischerdorf Siğacik.*

***Unten:***
*24 000 Zuschauer fasste einst das größte Theater Anatoliens in Ephesus. Die Akustik war so perfekt, dass man im obersten Rang jedes Wort verstand, wenn unten auf der Bühne ein Schauspieler einen Satz flüsterte.*

**Links:**
*Jahrtausende benötigte die Natur, um die Kalksinterterrassen von Pamukkale entstehen zu lassen. Damit sie auch noch in tausend Jahren zu bestaunen sind, setzte die UNESCO sie im Jahr 1988 auf die Liste der schützenswerten Naturdenkmäler, die zum Welterbe gehören.*

**Oben:**
*Badefreuden der besonderen Art: Zwischen antiken Trümmern kann sich der Mensch des 21. Jahrhunderts im Thermalbad von Pamukkale tummeln. Die wohltuende Entspannung stellt sich heute wie vor 2000 Jahren ein.*

***Linke Seite:***
*Herakleia am Çamiçi Gölü. Wo einst die ganze Infrastruktur einer antiken Stadt geboten wurde – Tempel, Thermen, Theater – döst heute ein türkisches Dorf vor sich hin. Immerhin, im Altertum baute man dauerhaft: Der ehemalige Versammlungsplatz, die Agora, dient heute als Schulhof.*

*Çamiçi Gölü sagen die Türken zum Bafa-See, dem »unechten Meer«. Einst ein Meerbusen, liegt der hübsche See heute 15 Kilometer vom Mittelmeer entfernt. In byzantinischer Zeit garantierte diese Insel im See den Mönchen des Klosters ein Leben in Abgeschiedenheit.*

*Heute verträumte Erinnerung an die Antike – einst die größte Stadt der griechischen Welt mit geschätzten 100 000 Einwohnern: Milet. Hier kam 625 v.Chr. Thales zur Welt, der erste der Sieben Weisen. Thales nannte das Wasser den Urgrund allen Seins – doch die ehemalige Stadt liegt infolge Versandung heute Kilometer vom Meer entfernt.*

***Links oben:***
*Bodrum bei Nacht: Die Stadt ist nicht nur für ihre archäologischen Funde berühmt, sondern auch als Hafenstadt mit regem Nachtleben in Diskotheken und Bars.*

***Links Mitte:***
*Über 3000 Jahre alt ist dieses Schiffswrack, das im (weltweit größten) Museum für Unterwasserarchäologie in Bodrum ausgestellt wird. Das Institut befindet sich im Kastell St. Peter, einer mittelalterlichen Ordensburg der Johanniter.*

***Links unten:***
*Bodrum, das antike Halikarnassos, kann statistisch mit rund 300 Sonnentagen pro Jahr aufwarten! Wie gut tut bei so viel Wärme und Licht die milde Entspannung der Nacht. Im malerischen Hafenviertel laden zahlreiche Restaurants zum Verweilen und Genießen ein.*

***Unten:***
*Hafen und Burg von Bodrum im Abendrot. Der berühmteste Historiker der Welt, Herodot, stammte von hier. Seine »Historien« stammen aus dem 5. Jahrhundert v. Chr. Das die Stadtansicht beherrschende Kreuzritterkastell St. Peter aus dem 15. Jahrhundert kannte er noch nicht.*

**Oben und rechts:** *»Mein Sehnen seit vielen Jahren ist in Erfüllung gegangen: Ich habe das Meer gesehen. Ich kann Ihnen mit Worten nicht beschreiben, wie groß die Empfindung war, welche ich hatte. Alle Dinge, welche ich bisher von der Erde gesehen hatte, Alpen, Wälder, Ebenen, Gletscher etc. versinken zu Kleinigkeiten gegen die Erhabenheit des Meeres. Ich wusste nicht, wie mir geschah.« So formulierte es im 19. Jahrhundert der österreichische Schriftsteller Adalbert Stifter in einem Brief. – Stifter mag andere Buchten vor Augen gehabt haben als diese, aber sicher wäre er angesichts der Halbinsel Bozburun nicht weniger ergriffen gewesen.*

***Oben:***
*Ausflugsboote warten im Hafen von Marmaris auf Besucher, die die Schönheiten der Bucht von Marmaris an der Südwestküste kennen lernen wollen.*

***Links:***
*Westlich von Marmaris liegt der kleine Ort Icmeler. Im Jahr 1786 bereiste die englische Adelige Lady Craven Europa und gelangte bis nach Kleinasien. Ihr Kommentar: »Dieses wundervolle, bezaubernde Land mit seinem Klima, den Bauwerken und der Atmosphäre lässt es zu einem irdischen Paradies werden.«*

***Oben:***
*Der Fluss Dalyan mündet beim gleichnamigen Ort ins Meer. Das schilfüberwucherte Delta steht unter Naturschutz, da dort Meeresschildkröten brüten.*

***Rechts:***
*Abendlicht lässt das Theater der antiken Stadt Knidos am Westende der Halbinsel Resadiye erstrahlen. Knidos wurde etwa im 7. Jahrhundert v. Chr. von Lakoniern gegründet, die aus dem Südwesten des Peloponnes stammten.*

***Links:***
*Der beste Weg, um zu den alten Stätten von Knidos zu gelangen ist per Boot. Die lateinisch Cnidus oder Gnidus genannte Stadt entwickelte sich in der Antike rasch durch Schifffahrt und Handel.*

***Unten:***
*Die Toten sind zu Staub zerfallen; geblieben sind nur die beeindruckenden Gräber von Kaunos. Die Steinmetze, die diese Kammern im 4. Jahrhundert v. Chr. in den Fels über dem Dalyanfluss trieben, mussten angeseilt arbeiten.*

*»Die Welt ist gleichsam ein Buch, von dem man nur die erste Seite gelesen hat, wenn man nichts als seine Heimat kennt.« So sprach der französische Schriftsteller Stendhal. Diese Mädchen am Kai von Side vertiefen sich in die Lektüre der Welt…*

»Die Hänge des Taurusgebirges steigen von der weiß schäumenden Mittelmeerküste ganz allmählich bis zu den Höhen der Taurusgipfel an. Über dem Mittelmeer kann man immer weiße Wolken sehen, die aufeinandergetürmt dahintreiben. Das Küstenland ist so glatt und ebenmäßig, dass man glauben könnte, es sei mit einer Glanzschicht überzogen.« – So überschwänglich formuliert nicht ein Reiseprospekt, der Kunden locken will. So beginnt der fulminante Roman »Mehmet mein Falke« des türkischen Schriftstellers Yaşar Kemal.

Die 800 Kilometer lange Südküste der Türkei bietet alles, was der Urlauber sucht: phantastische Strände mit traumhaften Lagunen, dazu subtropisches Klima, in dem Zitronen, Orangen, Bananen und andere Südfrüchte gedeihen. Von Marmaris bis Alanya bieten viele Ferienorte hohen Standard: Sarigerme, Göcek, Fethiye, Ölü Deniz, Kemer, Lara, Belek, Side und viele andere sind westeuropäischen Besuchern längst ein Begriff. Mittelpunkt dieser Küstenregion ist Antalya, die Atatürk einst als schönste Stadt der Türkei bezeichnete. Diese Perle der türkischen Riviera hat trotz der enormen wirtschaftlichen Entwicklung ihren eigenen Charme bewahren können. Der Bummel durch die Altstadt ist ein Vergnügen.

Ins Hinterland locken nicht nur prächtige Pinienwälder, sondern auch antike Stätten: Xanthos, Termessos und Perge etwa, wo der Apostel Paulus während seiner Missionsreisen zweimal an Land ging. Nicht zu vergessen: Myra! In dieser Stadt, die über ein prächtiges Amphitheater verfügte, war der Heilige Nikolaus einst Bischof gewesen. Heute heißt die Kleinstadt Kale. An vielen Orten zeugen mehr oder minder gut erhaltene Ausgrabungen des Altertums unübersehbar von der großen Vergangenheit dieser Küstengegend.

# – DIE SÜDKÜSTE

*Rechts:*
*Felsengräber bei der antiken Stadt Tlos. Der Ort war bereits im 2. Jahrtausend v. Chr. besiedelt. In osmanischer Zeit wurde die Akropolis mit einer Burg überbaut.*

*Unten:*
*Küste mit Pinien, nahe Fethiye. Die schönste Art sich vom Mittelmeer verzaubern zu lassen, ist, hier mit der »Blauen Reise« zu beginnen, einer Bootstour von Bucht zu Bucht.*

***Oben:***
*1923, nach dem türkischen Unabhängigkeitskrieg, gab es einen »Bevölkerungsaustausch« zwischen der Türkei und Griechenland. Die fast ausschließlich von Griechen bewohnte Stadt Kayaköy wurde zur Geisterstadt; ohne die Menschen verfielen Häuser und Anlagen. Eine bittere »Sehenswürdigkeit«.*

***Links:***
*Typisch Türkei: An West- und Südküste stößt man allerorten auf antike Stätten, wie hier in Pinara auf ein Theater, das einst Griechen errichteten. Hier amüsierte sich vor Jahrtausenden das Volk.*

**Unten:**
*Fast zu schön, um wahr zu sein, und doch hundertprozentig echt. Was fast kitschig wirkt, wird am Sandstrand von Patara zur romantischen Realität. Ein Sonnenuntergang, der Fernweh weckt.*

**Kleine Bilder rechts:** *Glasklar und herrlich erfrischend: Die Türkei darf voller Stolz feststellen, dass die Qualität des Mittelmeerwassers vor ihren Küsten die beste von allen Anrainerstaaten ist. Dazu die leuchtenden Strände ... Als sei dieser Winkel der Erde bei der Erschaffung der Welt bevorzugt worden. – Impressionen von den Stränden von Kalkan (oben und Mitte) und Patara (unten).*

turqueria

***Linke Seite:***
*In einer stillen Bucht der Lykischen Küste liegt Kaş, ein ehemaliges Fischerstädtchen, das sich seine ursprüngliche Atmosphäre bewahrt hat. An den malerischen Häusern mit hölzernen Balkonen vorbei führt die Hauptgasse zu einem lykischen Grabmal aus dem 4. Jahrhundert v. Chr.*

*Manche bezeichnen Kaş als den schönsten Ferienort der Türkei. Der Ort mit den schmalen Gassen und den griechischen Häusern mit ihren weiß getünchten Fassaden und typischen Holzbalkonen und Erkern steht unter Denkmalschutz.*

*»Es kommt mehr darauf an, wie du kommst, als wohin du kommst, und daher sollen wir unser Herz an keinen Ort hängen. Man muss der Überzeugung leben: nicht für einen Winkel bin ich geboren, sondern mein Vaterland ist die ganze Welt.« So sprach Seneca bereits im 1. Jahrhundert. Ihm kann man nur zustimmen, denn wer möchte nicht gerne als Gast in dieses Restaurant am Altstadtplatz von Kaş kommen?*

***Unten:***
*Teppichknüpfen ist Frauensache, zumindest hier in Kapikiri. Je nach verarbeitetem Material – Wolle, Baumwolle, Hanf, Leinen oder Seide – liegt die Anzahl der Knoten pro Quadratmeter zwischen 500 und 12 000.*

***Unten:***
*Für die Herstellung von Seide werden Seidenraupen gezüchtet. Die Puppen kocht man (wie hier in Tavas); dann wird aus den Kokons die Seide gewonnen.*

***Rechts:***
*Diesem Schuhmacher im Handwerksviertel von Milas geht die Arbeit nie aus. An der Wand hängt neben Urkunden und Zeugnissen – wie in vielen Läden und Wohnstuben – die türkische Fahne: Die Türken sind Patrioten.*

***Oben:***
*Für einen Quadratmeter Teppich rechnet man 100 Tage Knüpfarbeit. Die Muster sind regional verschieden und von der Tradition bestimmt, hier ein Beispiel aus Göreme.*

***Oben:***
*Ein Kokon liefert etwa 800 Meter Seidenfäden. Vor der Weiterverarbeitung werden mehrere der nur zehn Nanometer dünnen Fäden gezwirnt.*

***Rechts:***
*Da steckt Musik drin! Bei diesem Instrumentenhändler in Adana bleiben keine Wünsche offen. Im Schaufenster hängen Exemplare der Saz, der türkischen Langhalslaute, die den typisch türkischen Klang hervorbringt.*

KARAKUŞ
TİCARET

BAĞLAMA
DERSİ
VERİLİR

***Oben:***
*Ihre Toten bestatteten die Bewohner der antiken Siedlung Teimiussa in steinernen Sarkophagen in der Nekropole direkt am Meer bei Üçağiz, einem Fischerdorf in der geschützten Tristomas-Bucht.*

***Rechts:***
*Ein beliebtes Ausflugsziel: die Insel Kekova, zwischen Kaş und Kale unweit des Festlandes im Mittelmeer gelegen. Die als »versunkenen Stadt« angepriesenen Ruinen über und unter Wasser sind antike Werftanlagen.*

***Oben:***
*Ein malerisches Dorf am Silbersaum Anatoliens: Kaleköy (Simena). Von der mittelalterlichen Burg aus hat man einen wunderbaren Blick auf die Küste.*

***Links:***
*Ehemalige Gräber an der aufragenden Felswand bei der Nikolausstadt Myra. Die Grabkammern waren teilweise mit Reliefs verziert und ursprünglich mit einem großen Stein verschlossen. Eine vornehme Gruft konnten sich allerdings – da haben sich die Zeiten nicht geändert – nur wohlhabende Leute leisten.*

***Unten:***
*So heißt Antalya seine Gäste willkommen. Die Stadt besitzt die Infrastruktur einer modernen Großstadt (600 000 Einwohner) und wartet dennoch mit einer anmutigen Altstadt auf: Gassen und Lädchen laden zum Verweilen ein; an der Strandpromenade berauscht das intensive Blau des Meeres. Antalya ist das Rimini der Türkei.*

***Rechts oben:***
*Gestern und Heute friedlich vereint: Am Hadrianstor führt die belebte Straße »Atatürk Caddesi« vorbei. Durchschreitet man den Bau aus dem 2. Jahrhundert (in dessen Marmorbodenplatten noch die Spuren römischer Wagen zu sehen sind), befindet man sich in der Altstadt von Antalya.*

*Hause doch in unmittelbarer Nähe der Altstadt und des Hafens. In Antalya gibt es einige dieser alten Herrenhäuser, die zu Hotels umgebaut wurden.*

***Rechts Mitte:*** *Wie ein Paradiesgärtlein lädt der Innenhof des Hotels »Alp Paşa« zum Verweilen ein. Ruhig und geschützt, befindet man sich in diesem*

***Rechts unten:*** *Der Zitadellenturm Hidirlik Kulesi am Hafen von Antalya. Ob er als Leuchtturm, Mausoleum oder Wachtturm diente, weiß man nicht genau.*

***Oben:***
*Das Theater von Side wird noch heute in seiner ursprünglichen Bestimmung genutzt: für Spielvorführungen und Konzerte. Eine Veranstaltung bei Nacht in diesem antiken Ambiente wird zum unvergesslichen Erlebnis.*

***Rechts:***
*Die Düden Selalesi-Wasserfälle liegen rund 14 Kilometer nördlich von Antalya. Über mehrere Stufen stürzt sich der Düden, einer der Flüsse des Taurus, in die Tiefe. An den oberen Fällen, Yukari Düden Selalesi, wurde ein Picknickpark angelegt. Hier kann man im schattigen Wäldchen das Naturschauspiel bewundern.*

***Oben:***
*In der grandiosen Bergwelt des Taurus: eindrucksvolle Felsformationen im Köprülü Kanyon-Nationalpark. Der Canyon selbst ist 14 Kilometer lang und an manchen Stellen bis zu 400 Meter tief. In 950 Metern Höhe liegen die Ruinen der antiken Stadt Selge, mit Türmen, Zisternen, Stadion, Theater und Nekropole.*

***Links:***
*Hoch über der Karawanserei Alarahan bei Okurçallar thront seit Jahrhunderten die Burg Alara Kalesi und wacht noch immer über die alte Seidenstraße. Karawansereien waren Unterkünfte, die jeweils eine Tagesreise voneinander entfernt lagen.*

# TROJA, PERGAMON, EPHESUS –

*Ein großer Tempel ehrte einst in Sardis die Göttin Artemis. Von dessen Monumentalität zeugt schon dieses Säulenkapitell, auf dem es sich zwei Frauen bequem gemacht haben.*

Als Haltung der Respektlosigkeit und des Spotts wider alle Autoritäten könnte man die Weltsicht des Zynismus umschreiben. Ihr prominentester Vertreter stammte aus Kleinasien: Diogenes von Sinope (412–323 v. Chr.), der selbstgenügsam in einem Fass hauste. Rund 200 Jahre zuvor kam Thales von Milet zur Welt, ein Philosoph, mit dessen mathematischen Formeln sich die Oberschüler bis in unsere Tage herumschlagen müssen. Kleinasien bewahrt ein reiches antikes Erbe. In Halikarnassos ließ sich König Mausolos einen imposanten Grabbau errichten, das erste Mausoleum. Der Johanniterorden trug die Anlage 1520 ab, ihres heidnischen Ursprungs wegen. Nur Fundamente blieben in der heute Bodrum genannten Stadt erhalten.

Von außergewöhnlicher Bedeutung sind die Funde von Troja. Schon vor mindestens 5000 Jahren war die Stadt besiedelt, was die ab 1870 durchgeführten Ausgrabungen des deutschen Altertumsforschers Heinrich Schliemann zeigten. Man fand heraus, dass die Bewohner Trojas ihre Stadt im Laufe der Jahrhunderte in Schichten übereinander bauten. Man spricht daher von »Troja 1 bis 9«. So lassen sich Funde aus der Bronzezeit, der

***Links:*** *Das antike Myra besaß ein großes Amphitheater, verziert mit solchen Schmucksteinen. Die Masken drücken die Empfindungen auf der Bühne aus: Lachen, Weinen, Entsetzen.*

***Oben:*** *Bemerkenswert gut erhalten ist das römische Theater der antiken Stadt Aphrodisias, das in der Antike ein Zentrum des Aphrodite-Kults war, der Göttin der Liebe.*

***Seite 89 oben links:*** *Nach Pamukkale, dem antiken Hierapolis, strömten bereits um die Zeitenwende Menschen von nah und fern, um vom Thermalwasser zu trinken, das hier aus dem Kalkgestein entspringt.*

***Seite 89 oben rechts:*** *Hoch ragen die Säulen der Akropolis von Pergamon auf, dem heutigen Bergama. Die Anlage lässt die imposante Größe der einstigen Weltstadt erahnen.*

# DAS REICHE ANTIKE ERBE

***Ganz rechts:*** *Das Ephesus-Museum in Selçuk ist eines der bedeutendsten Museen in der Türkei. Schon seit etwa 100 Jahren werden im antiken Ephesus Ausgrabungen und Forschungen durchgeführt. Diese Artemis-Statue war einst vergoldet, und ihr Haupt zierte eine goldene Krone. Die Vielzahl ihrer Brüste symbolisiert Fruchtbarkeit.*

hellenistischen und römischen Periode finden. Aufgrund neuerer Grabungen meint man sogar ein »Troja 0« gefunden zu haben, das ins Jahr 3700 v. Chr. zurückreicht; damit gehört diese Siedlung zu den ältesten der Weltgeschichte überhaupt. Auch wenn man im Freilichtmuseum der Stadt heute einen hölzernen Nachbau des Trojanischen Pferds besichtigen kann, mit dessen Hilfe die Griechen einst das Volk des Königs Priamos besiegt haben wollen – die Wissenschaft ist sich sicher, dass sich bei Homers Erzählung vom Trojanischen Krieg Historie und Mythos untrennbar vermischt haben.

## WELTWUNDER DER ANTIKE

Viel jünger, dafür eindrücklicher in dem, was in der Gegenwart zu bestaunen ist, zeigt sich dem Besucher Pergamon, das heutige Bergama. Die im 6. Jahrhundert besiedelte Weltstadt prunkte mit Tempeln, Altären, Plätzen und einer Akropolis. Auf der Burg soll einst ein sagenhafter Schatz von 9000 Talenten aufbewahrt worden sein, was einer aktuellen Kaufkraft von 70 Millionen Euro entspräche. Dass dies Anlass für zahlreiche Streitigkeiten war, versteht sich. Das Burgtor Pergamons gehörte in der Antike zu den sieben Weltwundern. Der berühmte Pergamonaltar wird in Berlin im Museum ausgestellt; regelmäßig fordert die Türkei diese Prachtanlage zurück.

Als dritte bedeutende antike Stadt sei Ephesus erwähnt, im Altertum eine Hafenstadt am Meer, die jedoch infolge der Versandung heute etwa zehn Kilometer landeinwärts liegt. Seit 133 v. Chr. herrschten dort die Römer, die diese Metropole zur Hauptstadt der Provinz Kleinasien machten. Die Stadt besaß Theater, Bäder, Sportstätten und andere Vergnügungseinrichtungen, erfuhr ihre Bedeutung jedoch vor allem durch den riesigen Tempel für die Göttin Artemis, der, wie das Mausoleum von Halikarnassos, eines der sieben Weltwunder der Antike war. Zur Zeit des Apostels Paulus hatte Ephesus circa 200-250 000 Einwohner und war nach Rom, Alexandria und Antiochia die viertgrößte Stadt des Römischen Reiches.

Aus dem Reich der Mythologie stammt die Erzählung vom »Gordischen Knoten«. Alexander der Große soll im Winter 334/333 v. Chr. in der Stadt Gordion geweilt haben, rund 70 Kilometer südwestlich von Ankara. Im dortigen Tempel stand ein heiliger Wagen, dessen Joch und Deichsel durch einen kunstvollen Knoten verbunden waren. Wer diesen Knoten zu lösen vermöge, so bestimmte es die Sage, sei der künftige Herrscher Asiens. Alexander löste das Problem auf seine Weise: er hieb den Knoten mit einem Schwertstreich durch.

Verwandt mit dieser Geschichte ist jene von König Midas, dem Sohn und Nachfolger des Städtegründers Gordios. Er hatte den betrunkenen Silenos gefangen genommen, den Begleiter des Gottes Dionysos. Als er ihn zurückbrachte, erfüllte Dionysos ihm den Wunsch, dass sich alles, was Midas berühren würde, in Gold verwandeln solle. Der vermeintliche Segen erwies sich als Fluch: Auch Brot, Wein und Früchte wurden zu Gold. Um nicht verhungern und verdursten zu müssen, badete Midas im Fluss Paktolos. Dieser enthält seitdem Goldsand und begründete später den sagenumwobenen Reichtum von König Krösus.

***Unten:***
*»An den Küsten des Mittelmeers lächelt Anatolien«, stellte der Reiseschriftsteller Michael Neumann-Adrian fest. Im Altertum zeigte Alanya allerdings eher die Zähne. Dort residierte im 2. Jahrhundert v. Chr. der Seeräuber Diodorus. Wer den traumhaften Blick auf Stadt und Bucht werfen will, muss die Seldschuken-Festung erklimmen.*

***Rechts oben:***
*Das wuchtige Mauerwerk der Karawanserei Alarahan bei Okurçallar sollte Feinden und der sengenden Sonne Widerstand leisten und die Reisenden schützen.*

***Rechts Mitte:***
*Im ganzen Orient beliebt: die Wasserpfeife. Durch das Mundstück gezogen, muss der Rauch einen mit Wasser gefüllten Behälter*

*passieren. Dadurch wird er gekühlt. Der scharfe Tabak wird im Aroma milder und verliert an Nikotingehalt.*

***Rechts unten:*** *Die Stände im Basar von Alanya offerieren alles mögliche: Gold- und Silberschmuck, Kupfer- und Messingwaren, Steinschneidereien wie Schachfiguren aus Alabaster oder Onyx. Echt türkisch: die Meerschaum-Pfeifenköpfe. Nicht zu vergessen: Keramik! Teller, Vasen, Schalen mit anmutigen Blumen- und Vogelmotiven oder arabischer Kalligraphie.*

*Die Burg Softa Kalesi bei Anamur in strahlendem Morgenlicht. Im Mittelalter einer der gefürchtetsten Stützpunkte der Kosaren, wurde sie später von den Kreuzfahrern ausgebaut. Das nahe Kap Anamur ist der südlichste Punkt der Türkei.*

*Als hätten sich die Zeitalter stillschweigend vermischt, reiht sich das Minarett der Moschee in die antike Säulenreihe des Zeustempels von Uzuncaburç ein. 30 der frühkorinthischen Säulen stehen noch aufrecht, errichtet wurden sie bald nach 300 v. Chr.*

***Rechte Seite:***
*Unser deutsches Wort »türkis« leitet sich sprachgeschichtlich vom Begriff für »blaugrüne Edelsteine aus der Türkei« ab, passt aber ebenso treffend auf diese Bucht bei Iotape, südöstlich von Alanya.*

***Links:***
*»Mädchenburg« heißt das türkische Wort Kizkalesi übersetzt: Diese monumentale Seefestung aus dem 12. Jahrhundert besteht allerdings fast nur noch aus dem Mauerring: Innen ist sie leer, allein ein Turm ist zu besteigen.*

***Unten, links und rechts:***
*Adana ist Verkehrsknotenpunkt, Handelsplatz und Provinzhauptstadt mit über einer Million Einwohnern. Größtes muslimisches Gotteshaus ist die moderne Sabanci-Merkez-Moschee; sie wirkt hell und vermittelt durch ihre Größe dem Menschen das Gefühl, nur ein kleiner Erdenbewohner zu sein.*

***Links:***
*Die Landburg von Kizkalesi stammt aus dem 7. Jahrhundert und wurde bereits damals aus antikem Baumaterial errichtet. In der Phase der Kreuzzüge hatte die Burg eine große Bedeutung als Durchreisequartier. Bis 1448 war sie der letzte abendländische Stützpunkt im südlichen Kleinasien.*

**Oben:**
*Teppiche, zum Beispiel aus Göreme, gehören zu den beliebtesten Mitbringseln aus der Türkei. Was dieser Teppichhändler in Göreme feilbietet, zeugt von traditioneller türkischer Handwerkskunst. Man unterscheidet zwischen dem geknüpften Teppich, dem »hali«, und dem einfachen gewebten Teppich der Nomaden, dem »kilim« (Kelim).*

**Rechts:**
*Noch im 19. Jahrhundert wurde die Wolle ausschließlich mit Naturfarben gefärbt. Längst verwendet man auch synthetische Farben. Die Teppichfärberin in Göreme taucht dazu die Wolle in große Bottiche.*

***Links:***
*Teppichwolle in allen erdenklichen Farbnuancen: Früher war das Färben der Wolle und das Bespannen des Webstuhls reine Männersache.*

***Unten:***
*Die ersten türkischen Knüpfteppiche entstanden im 13. Jahrhundert in Anatolien. Das Spinnen und Knüpfen der Wolle, wie hier in Side, ist auch heute noch meist Frauenarbeit.*

**Seite 98/99:**
*Das Tal von Göreme, mit dem Ort inmitten bizarrer Tuffsteinkegel. Der Türkeireisende Fritz Dressler schreibt darüber: »Tausende von spitzen Kegeln, Türmen, Pyramiden, Schalen und Wänden stehen einzeln oder in Gruppen, klein bis riesig groß, in dem Tal verteilt.«*

*Freilichtmuseum mit Höhlenwohnungen im Nationalpark Göreme. Als Krösus im 6. vorchristlichen Jahrhundert Kappadokien in seine Hand bringen wollte, wagten seine Berater zu fragen, ob sich dieser Aufwand lohne: »König, du rüstest dich, gegen Leute zu ziehen, die nicht so viel essen, wie sie wollen, sondern so viel, wie sie haben, weil sie ein raues Land besitzen.«*

*Das Leben zwischen den erodierten Tuffsteinfelsen im heutigen Nationalpark Göreme war in alter Zeit mit großen Mühen verbunden. Für den Anbau von Getreide und Früchten stand nur wenig Fläche zur Verfügung.*

**Rechte Seite:**
*»Wenn ich zwölf Söhne hätte, so schickte ich jeden an einen anderen Ort, um an meinem eigenen Fleisch und Bein zu erfahren, wie es überall aussieht.« Dies wünschte sich einst Johann Wolfgang Goethe. Wie hätte er wohl diese Felsengebilde im Nationalpark Göreme beschrieben, die anmuten wie ein riesenhaftes Spargelfeld? Die Türken nennen dieses Tal »Tal der Liebe«…*

***Links:***
*In der Antike war das Städtchen auf dem Berg ein Grenzposten: Uçhisar. So ist sein Name auch mit »Grenzburg« zu übersetzen und damals wie heute eröffnet sich ein grandioser Ausblick auf das kappadokische Land.*

***Unten:***
*Der Tuffstein in Göreme ist mit einfachsten Werkzeugen zu bearbeiten und bietet ideale Bedingungen zum Leben: Er schützt seine Bewohner im Winter vor der Kälte und schenkt im Sommer angenehme Kühle. Ausprobieren kann es der Besucher im Hotel »Cappadocia Cave Suites«.*

***Unten:***
*Die Natur bearbeitete nach einem Vulkanausbruch die Lava- und Tuffasche durch extremen Temperaturwechsel von Sommer zu Winter, durch heftige Regenfälle und scharfe Sandstürme. Das Ergebnis sind unter anderem solche eigentümlichen Felskegel, die auch »Feen-Kamine« genannt werden. In einem solchen Feen-Kamin ist die Polizeistation von Paşabagi im Nationalpark Göreme untergebracht.*

***Links:***
*Fresken in der »Dunklen Kirche«, Karanlik Kilise, im Freilichtmuseum Göreme. Die Kreuzkuppelkirche aus dem 11. Jahrhundert wird von vier Säulen getragen und ist mit reichen Bibelszenen geschmückt.*

# LAND DES SONNENAUFGANGS –

*Ein Märchenschloss auf 270 Metern Höhe. Vom Ishak Paşa Sarayi sieht man weit in die Ebenen Südostanatoliens hinein.*

»Kara Deniz« sagen die Türken zum Schwarzen Meer. Weit über tausend Kilometer lang ist die Küste zu dieser See, im Westen angefangen an der bulgarischen Grenze, über den Bosporus bei Istanbul, bis zum östlichen Nachbarland Georgien. Bereits im 6. Jahrhundert v. Chr. war diese Gegend durch die Griechen kolonisiert, die hier ihren Bedarf an Holz, Eisen, Oliven und Ölen zur Parfümherstellung deckten. Noch heute lockt hier eine üppige Vegetation und abwechslungsreiche Fauna in den Bergwäldern jenseits der Küste.

Zwischen dem Pontischen Gebirge im Norden der Türkei und dem Taurus im Süden liegt, einem abflusslosen Becken ähnlich, auf durchschnittlich 900 bis 1100 Meter Höhe das Hochland Anatoliens. Der griechische Begriff »Anatolika« bedeutet »Land des Sonnenaufgangs«: Er wurde in Westeuropa jedoch auch zum Inbegriff von Rückständigkeit. Im Osten Anatoliens findet man Orte, die in ihrer gesellschaftlichen und technischen Entwicklung einer anderen Epoche anzugehören scheinen: Die Geschlechter leben streng getrennt, der Ruf des Muezzin bestimmt den Rhythmus des Tages, ein Kühlschrank gilt als Inbegriff von Wohlstand.

Trockene Hitze im Sommer, beißende Kälte im Winter: Strenges Klima, das die Natur karg hält und oft nur unwirtliche Steppenlandschaft zulässt – Anatolien macht es einem nicht unbedingt leicht, es zu lieben. Doch das Landesinnere birgt Schätze: Jene unverfälschte Türkei, die in Provinzstädtchen und Dörfern ihren eigenen Weg geht, ohne auf das Wohlwollen touristischer Devisenbringer zu schielen. Und wer auf der Suche nach orientalischen Spuren dorthin kommt, wird finden, was er sucht.

Kleinere antike Fundstätten warten mit Jahrtausende alter Geschichte auf. Eine Stadt wie Konya zieht durch ihre mystisch-islamische Religiosität in den Bann. Die tanzenden Derwische sind hier zu Hause. Bleibt noch die Heimat der wertvollen Angora-Wolle zu nennen: Ankara. Dem Staatsgründer Atatürk hat Ankara ihren Status als Hauptstadt zu verdanken, aber sie vermochte nie Istanbul den Rang als eigentliche Metropole der Türkei abzulaufen.

*Abseits des lauten Treibens dieser Welt liegt das Sumela-Kloster abgeschieden an einer Felswand in luftiger Höhe. Die Gründung soll auf das 6. Jahrhundert zurückgehen. 1923 mussten die letzten Mönche das Kloster verlassen. Wer die Fresken aus dem 14. Jahrhundert in der Kapelle besichtigen möchte, muss einen 40-minütigen Anstieg zu Fuß in Kauf nehmen.*

*Ist das der Schwarzwald? – Nein, das ist ein Dorf bei Ardeşen an der Schwarzmeerküste. Auf den dortigen Hochalmen gedeiht das saftige Grün. Die Menschen leben traditionell in Holzhäusern. In Frühjahr und Herbst legen viele Arten von Zugvögeln in dieser Gegend eine Ruhepause ein.*

*»Wenn ich ... spazierte, riefen mich die Türken heran und zeigten mir die Zunge. Sie halten nämlich jeden Europäer für einen Arzt. Das wurde mir recht lästig, und ich hatte Lust, es ihnen gleichzutun.« Dies notierte der russische Dichter Alexander Puschkin im Jahr 1829. – Auch dieser Ochsenkarren am Schwarzen Meer bei Sinop mutet mit seinen Holzscheibenrädern an wie aus einem vergangenen Jahrhundert.*

*Seit Jahrhunderten trotzt diese Burg in Sinop den Wogen des Schwarzen Meeres. Das Städtchen auf der Halbinsel verfügt über einen geschützten Hafen. Die Einwohner scheinen ihre Langmut vom berühmtesten Sohn der Stadt geerbt zu haben, dem Philosophen Diogenes, der laut Legende in einer Tonne lebte. Alexander der Große soll ihm einmal angeboten haben, er dürfe sich von ihm etwas wünschen. Diogenes bat: »Geh einen Schritt zur Seite, du stehst mir in der Sonne.«*

***Linke Seite:***
*In den vergangenen Jahrzehnten veränderte sich das Antlitz Ankaras erheblich: Die ehemalige Provinzstadt explodierte von 200 000 auf heute vier Millionen Einwohner, nachdem Atatürk sie 1923 zur Hauptstadt der Türkei erhoben hatte.*

***Unten:***
*Beim Besuch der Stadt Niğde fühlt man sich in eine andere Zeit versetzt. Hier werden die Waren für den Markt noch mit einem PS transportiert.*

***Unten:***
*In Konya befindet sich das zentrale Heiligtum der »tanzenden Derwische«. Ihr Gründer Mevlâna lebte im 13. Jahrhundert und zeichnete sich durch religiöse Toleranz und Weitherzigkeit aus. Seine Mitbrüder ermunterte er: »Hinter der Klosterpforte wohnt nicht die Hoffnungslosigkeit. Und hast du hundert Mal geschworen und immer deinen Eid gebrochen, komm, komm wieder!«*

*Grün-türkis erhebt sich das Dach über dem Grab des Philosophen Mevlâna. Es gilt als Wahrzeichen der Stadt Konya. Mevlânas Grab hat sich zu einem Wallfahrtsort entwickelt, der täglich von frommen Pilgern aufgesucht wird.*

*Noch in der Mitte des 20. Jahrhunderts durchzogen Kamelkarawanen Zentralanatolien. An diese alte Zeit erinnert der Markttag in Niğde.*

**Links:**
Von 1650 bis 1200 v. Chr. war Hattuşa – rund 200 Kilometer östlich von Ankara – die Hauptstadt des Reiches der Hethiter. Vor hundert Jahren entdeckte man diese archäologisch wertvolle Siedlung, die Tempel, Tore und unterirdische Gänge umfasste. Archive bargen Tausende Tontäfelchen mit Keilschrift.

**Unten:**
Im Gegensatz zu Hethitern, Griechen, Römern oder Christen durften Muslime ursprünglich keine Menschen abbilden. Deswegen konzentrierte sich ihre Kunst auf die Schönschrift, (Kalligraphie), auf pflanzliche Muster und fein strukturierte Ornamente. Der Begriff »Arabeske« hat hier seinen Ursprung. Die prachtvollen Muster kann man in den Moscheen bewundern, wie an diesem Minarett in Konya.

**Ganz links:**
Das Hethiter-Museum in Ankara zeigt dieses Bruchstück aus dem Königstor in Hattuşa. Dargestellt wird allerdings nicht, wie ursprünglich vermutet, ein König. Die überlebensgroße Figur – als Krieger mit Streitaxt und Dolch bewaffnet – ist durch den spitzen Helm mit Stierhorn als Götterbildnis identifiziert worden.

**Links:**
Yazilikaya war ein Heiligtum der Hethiter. Gut erhaltene Reliefs zeigen die Prozession der »Zwölf Götter«. Die Anlage diente den Hethitern zur Feier ihres Frühlingsfestes und als Ort für den Kult verstorbener Herrscher.

# CHRISTLICHE WURZELN IN

5165 Meter ragt der Büyük Agri in die Höhe. So hoch reicht keine Sintflut! Soll doch am Fuße dieses Berges, den wir unter dem Namen Ararat kennen, einst die Arche Noah aufgesetzt haben, als sich die Wassermassen verzogen hatten. So erzählt es die Hebräische Bibel, das Alte Testament. Im Neuen Testament ist »Kleinasien« ein Hauptschauplatz für das Entstehen, Gedeihen und die Ausbreitung der Religion der Jesusjünger.

Der erste Theologe und größte Missionar des Christentums war Paulus, gebürtig aus Tarsus, im Südosten der heutigen Türkei gelegen. Dieser gebildete Kosmopolit ging als Jude nach Jerusalem und bekämpfte ursprünglich die Christen. Nach seiner Bekehrung trachtete er, den Glauben allerorten weiterzugeben. Dafür unternahm er anstrengende, gefährliche und – für die Verhältnisse vor

2000 Jahren – außerordentlich weite Reisen. Sie führten ihn vom Heiligen Land aus durch Kleinasien, wo er die ersten christlichen Gemeinden gründete. Von dieser Frühzeit des Christentums zeugen eindrücklich die Briefe im Neuen Testament, die Paulus in der zweiten Hälfte des 1. Jahrhunderts unserer Zeitrechnung an die Gemeinden von Ephesus, Kolossä und im Gebiet von Galatien schrieb. Von Glaubenseifer und Glaubensabfall der ersten Christengeneration kann man im letzten apokalyptischen Buch der Bibel lesen, der so genannten »Offenbarung des Johannes«. Dort werden Gemeinden mit fast geheimnisvoll klingenden Namen gelobt und ermahnt: Ephesus, Smyrna, Pergamon, Thyatira, Sardes, Philadelphia und Laodizea. Diese befanden sich allesamt auf kleinasiatischem Boden.

***Links:***
*Noah verlässt auf dieser alten Bibelillustration mit seiner Familie die Arche, die nach der Sintflut auf dem Araratgebirge gelandet war.*

***Oben:***
*In der »Takali Kilise«, der »Kirche mit dem Schild« in Göreme, entstanden im 13. Jahrhundert eindrucksvolle Wandmalereien: Diese Szene zeigt die »Darbringung Jesu im Tempel«. Maria reicht das Kind dem greisen Simeon, der daraufhin ausruft: »Nun kann ich sterben, denn meine Augen haben das Heil gesehen!«*

***Rechts oben:***
*Diese Ruine einer Kreuzkuppelkirche aus spätbyzantinischer Zeit steht in der Festung von Alanya, deren Grundstein bereits im 2. vorchristlichen Jahrhundert von kilikischen Piraten gelegt wurde.*

**Rechts Mitte:**
*In Narlikuyu an der Südküste wurden einmal die griechischen Götter verehrt. Wer die 452 Stufen hinabsteigt, gelangt zum »Paradies«: einer Höhle, die als Eingang zur Unterwelt, dem Hades, galt.*

**Ganz rechts:**
*Eine Kirche – in den Berg gehauen. Die Höhlenkirchen in Selime, die sich auf der Liste des UNESCO-Weltkulturerbes finden, sind das Werk fleißiger Mönche.*

## MITTELPUNKT UND AUGE DES CHRISTENTUMS

Auch in nachbiblischer Zeit behielt dieses Land seine besondere Bedeutung für das Christentum. Antiochia, das heutige Antakya, gehörte neben Jerusalem, Rom, Alexandria und Konstantinopel zu den »Patriarchaten«. Das waren die wichtigsten Bischofssitze, die anfangs noch gleichberechtigt waren, ehe Rom seine kirchliche Vormachtstellung ausbaute. In Antiochia fanden zwischen dem 3. und 6. Jahrhundert dreißig wichtige Versammlungen der Kirchenführer statt; ja, man

nannte Antiochia – und nicht Rom oder Jerusalem! – »Mittelpunkt und Auge des Christentums«. Die entscheidenden großen ökumenischen Konzilien, die den Glauben an Jesus Christus in Dogmen fassten, fanden in Kleinasien statt, in Nicaia, Konstantinopel, Ephesus und Chalcedon. Erst im 7. Jahrhundert verlagerte sich das Schwergewicht kirchlicher Entscheidungspolitik nach Rom, in den Lateran.

Prägend wirkte sich auch das frühe Mönchtum kleinasiatischer Form aus: Basilius, Gregor von Nanzianz und Gregor von Nyssa prägten eine asketische Lebensform, die im kappadokischen Tuffsteingebirge ideale Bedingungen fand. Die Mönche trieben Behausungen und Kirchen in den weichen Stein, lebten dort anfangs als Einsiedler, später in Gemeinschaften, ganz dem Gebet, dem Fasten und der Enthaltsamkeit hingegeben. Die Blüte dieser Klöster fiel in die Zeit zwischen dem 10. und 13. Jahrhundert. In Göreme, Selime und Eski Gümüs können Kirchen mit herrlichen Fresken bestaunt werden, die zum Weltkulturerbe gehören.

## TÜRKISCHE HEILIGE: NIKOLAUS, GEORG UND BARBARA

Doch nicht nur die große Theologie wurzelt in Kleinasien. Einer der populärsten Heiligen stammt aus diesem Land: Nikolaus. Legenden erzählen von ihm, er habe armen Mädchen eine Mitgift verschafft und Hungernde vor dem Tod bewahrt. So entwickelte er sich zum Gaben bringenden Kinderfreund. Nikolaus wirkte einst als Bischof in Myra, der heutigen Stadt Kale am Fluss Demre. Ihm ist eine relativ gut erhaltene Basilika geweiht. Und die muslimischen Händler vor dem Portal haben kein Problem, mit Nikolaus-Souvenirs ihr Geschäft zu machen. Andere Heilige stammen ebenfalls aus Kleinasien: der Drachentöter Georg etwa, oder Barbara, der zu Ehren man Anfang Dezember Zweige in die Vase stellt; außerdem der gegen Halsleiden angerufene Blasius, dazu Christoph und Thekla.

Zu Beginn des 3. Jahrtausends stellt das Christentum in der islamisch geprägten Türkei eine verschwindende Minderheit dar, die unter einem Prozent der Bevölkerung liegt und hauptsächlich in den Großstädten vertreten ist. Doch wer weiß, wie sich die Zukunft entwickelt? Wie in Deutschland in den letzten Jahrzehnten muslimische Grabfelder für Einwanderer aus der Türkei angelegt wurden, so hat unlängst die Stadt Antalya für christliche Immigranten – überwiegend Rentner, die in der Sonne ihren Lebensabend verbringen möchten – einen eigenen Friedhof bereit gestellt. Der Austausch der Kulturen geht weiter.

**Linke Seite:**
*Auf der Insel Akdamar im Van-See thront die über 1000 Jahre alte Heiligkreuzkapelle. Einst regierte von hier aus der höchste Bischof der Armenier seine Gläubigen.*

**Unten:**
*Kars in Ostanatolien ist Zentrum der gleichnamigen Provinz. Ein Wahrzeichen ist die Apostelkirche aus dem 10. Jahrhundert, die im Lauf der Jahrhunderte mehrmals ihren Verwendungszweck wechselte: Moschee, russisch-orthodoxe Kirche, wieder Moschee, armenische Kirche... – heute ist sie ein Museum.*

**Unten:**
*Die Türkei verfügt über wertvolle Bodenschätze wie Eisenerz, Zink, auch existieren Kohle- und Erdölvorkommen, doch diese decken kaum den Eigenbedarf. Für den Außenhandel bestimmt sind Textilien, Teppiche, Tabak, Tee, bestimmte Nahrungsmittel, Wolle und Baumwolle, die hier auf abenteuerlich beladenen Traktoren transportiert wird.*

*Am Bafa-See wird frühmorgens das Vieh zur Weide getrieben. Der Bafa Gölü (See von Herakleia) bildete einst einen Zipfel des Latmischen Meerbusens, bevor er durch Ablagerungen abgeschnitten wurde.*

*Von der Zitadelle (Kars Kalesi) aus dem 12. Jahrhundert mit ihren unüberwindlichen Wällen hat man eine schöne Aussicht auf die Landschaft in Umgebung der Stadt Kars.*

*Sie wirken wie Relikte aus einer anderen Welt: Im Hochland Ostanatoliens ziehen noch Nomaden mit ihren Herden von Weide zu Weide. Diese Lebensform hat die Jahrtausende überdauert.*

*Ob der aus Ephesus stammende Philosoph Heraklit angesichts dieses herrlichen Wasserfalls bei Edirne auf die griffige Formulierung seiner zeitlosen Maxime stieß – »Alles fließt!«?*

***Rechte Seite:***
*Kein Ort wie jeder andere. Die Bibel erzählt: »Am 17. Tag des 7. Monats setzte die Arche auf einem Gipfel des Araratgebirges auf. Da ging Noah mit seiner Familie aus der Arche, und auch die Tiere kamen heraus, alle die verschiedenen Arten.« Heute weidet ein Hirte seine Herde vor dem Hintergrund des Ararat.*

*Rechts:*
*Obwohl sich die gesamtwirtschaftliche Situation der Türkei in den letzten Jahren stabilisiert und sogar gebessert hat, leidet das Land unter einer galoppierenden Inflation. Fast die Hälfte der Erwerbstätigen arbeitet in der Landwirtschaft, obwohl deren Ertrag nur rund 15 Prozent des Bruttosozialprodukts ausmacht. Hier werden Weintrauben in Kappadokien getrocknet.*

*Unten:*
*Ansichten wie vor hundert Jahren: Nicht Traktoren und Mähdrescher beherrschen das Bild, sondern Esel, Maultiere, Pferde und Ochsen helfen den Bauern bei der Arbeit, hier bei Aladag.*

***Oben:***
*Drei Ochsengespanne bringen bei Geze das Stroh in die Scheunen. Trotz der relativ geringen für die Landwirtschaft intensiv nutzbaren Flächen und der ständigen Bedrohung durch Dürreperioden, kann sich die Türkei selbst ernähren und sogar einige Überschüsse exportieren.*

***Links:***
*Handarbeit bestimmt noch große Teile der Landwirtschaft in der Türkei: Im geselligen Kreis werden bei Aksaray die Kerne aus den Sonnenblumen geklopft.*

*Sie konnten nur noch einen Abglanz der ehemaligen Majestät bewahren, dennoch staunt man über diese »Sehenswürdigkeit« Ostanatoliens. Auf dem Berg Nemrut (Nemrut Daği) hatte König Antiochos I. von Kommagene (69 bis 38 v. Chr.) ein Heiligtum erbauen lassen, das von Kolossalstatuen griechisch-persischer Mischgottheiten geschmückt wurde. Wind und Wetter machten ihnen mit der Zeit schwer zu schaffen. Nur die Köpfe blieben erhalten. Wieder aufgerichtet, faszinieren sie in ihrer stillen Monumentalität.*

# REGISTER

BULGARIEN
Burgas
Edirne
GRIECHEN-LAND
Kıyıköy
Lüleburgaz
Uzunköprü
Keşan
Tekirdağ
Istanbul
Bosporus
Yeşilköy
Üsküdar
Marmara-Meer
Izmit
Gelibolu
Gölcük
Eceabat
Çanakkale
Bandırma
Troja
Bursa
Edremit
Balıkesir
Lesbos
Ayvalık
Kütahya
Dikili
Bergama
Pergamon
Akhisar
A
Manisa
Çeşme
Izmir
Salihli
Ephesus
Selçuk
Kuşadasi
Hierapolis
Samos
Aydın
Pamukkale
Söke
Priene
Denizli
Isparta
Aphrodisias
Milet
Burdur
Milâs
Muğla
Bodrum
Marmaris
Antaly
Fethiye
GRIECHEN-LAND
Kemer
Xanthos
Rhodos
Letoon
Finike
Kaş
Mittelländi
N

RUSSLAND
Soči
Grozny
Schwarzes Meer
GEORGIEN
Tiflis
Batumi
Kumayri
ARMENIEN
Jerewan
Ararat
5.165m
IRAN
Urmia
Cide
Inebolu
Sinop
Zonguldak
Ereğli
Karabük
Kastamonu
Bafra
Samsun
Ünye
Ordu
Giresun
Trabzon
Rize
Kars
Bolu
Merzifon
Çankırı
Çorum
Turhal
Gümüşhane
Bayburt
Pontisches Gebirge
Ankara
Kırıkkale
Hattuşas
Yozgat
Erzurum
Karaköse
Polatlı
Sivas
Erzincan
TÜRKEI
Kirsehır
Murat
Tuz Gölü
Göreme
Nevsehir
Kayseri
Tunceli
Mus
Elâzığ
Tatvan
Van Gölü
Van
Aksaray
Malatya
Ahtamar
Armenischer Taurus
Kappadokien
Beysehir Gölü
Konya
Niğde
Diyarbakır
Batman
Siirt
Adıyaman
Hakkâri
Eregli
Kahraman-maras
Kadirli
Anazarba
Euphrat
Mardin
Karaman
Adana
Osmaniye
Gaziantep
Şanliurfa
Manavgat
Tarsus
Mersin
Ceyhan
Taurus
Alanya
Erdemli
Kilis
Iskenderun
Silifke
Mosul
Anamur
Anemourion
Antakya
Aleppo
Kirkuk
Latakia
ZYPERN
SYRIEN
Homs
IRAK
LIBANON
Beirut
Damaskus
Bagdad
Mittelländisches Meer
ISRAEL

*Zwei trommelnde Jungen in Izmir. Sie stehen symbolisch für die Türkei, die hin- und hergerissen zwischen Tradition und Moderne optimistisch in die Zukunft schaut. »Hoş geldiniz!« lächelt man in Richtung Europa: »Herzlich willkommen!«*

***Impressum***


***Buchgestaltung***
*hoyerdesign grafik gmbh, Freiburg*

***Karte***

*Fischer Kartografie, Aichach*

***Bildnachweis***
*Paul Mahrt: S. 6/7, S. 20/21, S. 28-39 (22 Abb.), S. 104-111 (14 Abb.), S. 112/113 Mitte, S. 114-121 (15 Abb.).*

*Ernst Wrba: Schutzumschlag vorne, S. 5, S. 8/9, S. 10-19 (5 Abb.), S. 22-27 (3 Abb.), S. 40-103 (128 Abb.), S. 113 (3 Abb.), S. 124, Schutzumschlag hinten.*





*Printed in Germany*
*Repro: Artilitho, Lavis-Trento, Italien*
*Druck und Verarbeitung: Offizin Andersen Nexö, Leipzig*




*ISBN 978-3-8003-1623-6*



***Paul Mahrt,***
*geboren 1939, besuchte die Meisterschule für Fotografen in Hamburg. Heute lebt er in Osterholz-Scharmbeck. Seine Bilder hat er in zahlreichen Fotoausstellungen und Bildbänden veröffentlicht.*

***Ernst Wrba***
*studierte Fotodesign in Darmstadt und ist seit 1983 als selbstständiger Fotodesigner tätig. Er hat bereits zahlreiche Bildbände zu nationalen und internationalen Themen veröffentlicht.*

***Georg Schwikart,***
*geboren 1964, lebt als freier Schriftsteller und Publizist in Sankt Augustin bei Bonn. Neben seinen zahlreichen Büchern und Beiträgen für Anthologien, Zeitungen und Magazine ist er auch für Rundfunk und Fernsehen tätig.*



*Unser gesamtes Programm finden Sie unter:*
***www.verlagshaus.com***

Stürtz